明日の自分が変わる

人生の名言

池田書店

はじめに

学生から社会人へ、あるいは転職など、人生のライフイベントが起こると自分を取り巻く環境が大きく変わり、それまではなかった悩みや迷いが生じたりします。新たな人間関係にうまく適応できずに落ち込んだり、仕事に失敗して悔しい思いをしたり……。「生きる」ということは、楽しいことよりも試練のほうが多いのかもしれません。だからこそ、心身を癒やし、気持ちを上手に切り替えていくことが、人生を充実させる重要な鍵となるのです。

「名言」を残した人生の先輩たちも、同じような試練に悩み苦しみました。だからこそ、その言葉には説得力があるのです。本書で紹介する名言は、さまざまな立場、視点、テーマから選び抜いて紹介しています。なかには、正反対の意味を持つ言葉もありますが、どれが正解というものではありません。気になる言葉、心惹かれる名言を好きな順番で読み進めるうちに、無意識に心が癒やされ、あるいは励まされて、あなたの生きる力となっていれば幸いです。

CONTENTS

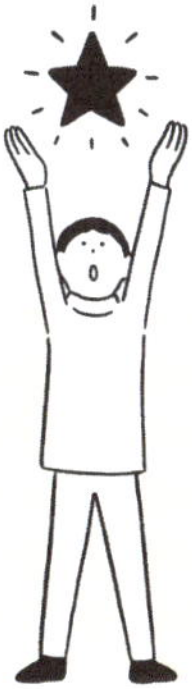

本書の使い方

名言については、
下記を参照ください。

どんな悩みや考えを持っている方に
おすすめの名言かの目安。

※イラストは本書のために描き下ろしたものです。
名言の引用元の作品とは関係ありません。

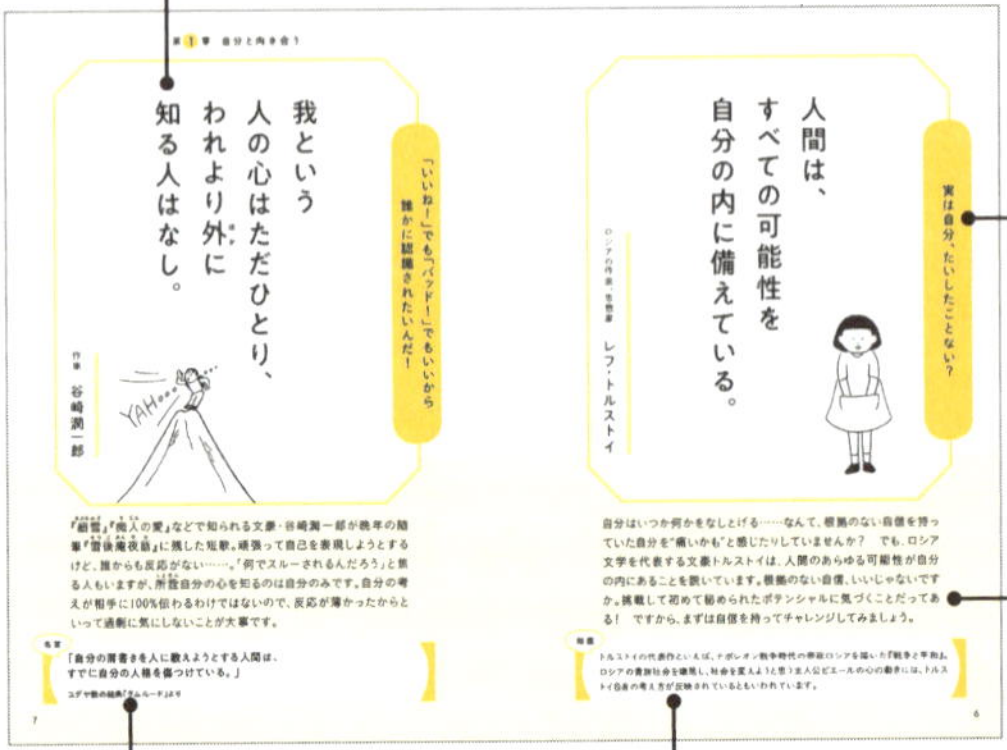

知識 は、名言の発言者に関する補足的な知識です。名言 は、そのページのメインの名言とあわせて知ってほしいもので、別の角度から助言をもらえるようなものを選びました。ただし、一部は参考として、反対のニュアンスを持つ名言を掲載しています。

名言の解釈や背景、どのように活用してほしいかを紹介しました。解釈についてはさまざまな説があります。

本書で取り上げた名言について

- 発言者名などは、基本的に敬称をすべて省略しています。
- 作品の一部から抜粋、または一部を省略している場合があります。
- 句読点を足したり、旧仮名づかいを現代仮名づかいに変更したりしています。また、翻訳された名言については、原文とともに複数の書籍などを参考に、わかりやすく表現したものもあります。
- 小説や漫画、映画などからの引用の場合、作家・原作者などではなく、登場人物の名前を明記している場合があります。
- 肩書きの国名については、当時の国名のままのものと、現在の国名に置き換えたものがあります。また、出身地と活動拠点が異なる場合もあります。
- 本書の編集にあたり、さまざまな書籍、雑誌、新聞、ホームページ、テレビ番組などを参考とさせていただきました。また、出典については、基本的にはそれぞれのページに明記しました（参考文献についてはP.223参照）。一部、不明なもの、ほかの作品などで異なる表現で紹介されている場合があります。

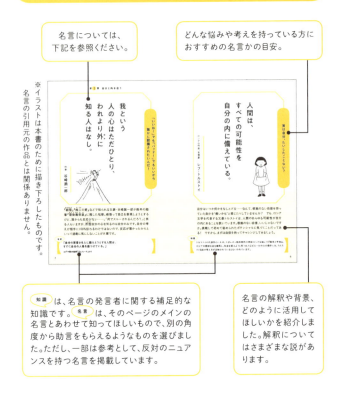

第1章

自分と向き合う

自分のことをわかっているようで、意外と知らない人は多いもの。自分らしくありたい、自信を持ちたい、個性を知りたいなどとは思っても、実際、どうすればよいかわからず焦るあなたに、人生の先輩からのメッセージをお届けします。

実は自分、たいしたことない？

人間は、すべての可能性を自分の内に備えている。

ロシアの作家、思想家

レフ・トルストイ

自分はいつか何かをなしとげる……なんて、根拠のない自信を持っていた自分を“痛いかも”と感じたりしていませんか？　でも、ロシア文学を代表する文豪トルストイは、人間のあらゆる可能性が自分の内にあることを説いています。根拠のない自信、いいじゃないですか。挑戦して初めて秘められたポテンシャルに気づくことだってある！　ですから、まずは自信を持ってチャレンジしてみましょう。

知識

トルストイの代表作といえば、ナポレオン戦争時代の帝政ロシアを描いた『戦争と平和』。ロシアの貴族社会を嫌悪し、社会を変えようと思う主人公ピエールの心の動きには、トルストイ自身の考え方が反映されているともいわれています。

「いいね！」でも「バッド！」でもいいから
誰かに認識されたいんだ！

我という
人の心はただひとり、
われより外《ほか》に
知る人はなし。

作家
谷崎潤一郎

『細雪《ささめゆき》』『痴人《ちじん》の愛』などで知られる文豪・谷崎潤一郎が晩年の随筆『雪後庵夜話《せつごあんやわ》』に残した短歌。頑張って自己を表現しようとするけど、誰からも反応がない……。「何でスルーされるんだろう」と焦る人もいますが、所詮《しょせん》自分の心を知るのは自分のみです。自分の考えが相手に100%伝わるわけではないので、反応が薄かったからといって過剰に気にしないことが大事です。

名言

**「自分の肩書きを人に教えようとする人間は、
すでに自分の人格を傷つけている。」**

ユダヤ教の経典「タムルード」より

絶対〝変わった人〟と思われてる

この世には、
おのれと同じ人間はいない、
……人はみな、
誰にも理解されない絵を、
心のなかに
持っているのではないか。

作家
山本周五郎
『樅ノ木は残った』より

『樅ノ木は残った』山本周五郎（新潮社）

伊達政宗を祖とする仙台藩の御家騒動を描いた歴史小説『樅《もみ》の木は残った』の一文。主人公の原田甲《か》斐《い》は藩の危機を救うため、わざと権力に屈して反撃の機会を待ち続けました。しかし、そんな彼の行動は誰からも理解されず、人々は甲斐に冷たい視線を浴びせ、友人たちも去っていきます。どんな人でも、人にわかってもらえない孤独を抱えていると考えれば、ちょっと気持ちが楽になるかも。

知識

原田甲斐は権力者側についたまま世を去ったので、長らく「仙台藩を乗っ取ろうとした大悪人」として扱われてきました。しかし、『樅の木は残った』によって評価は一転し、今では「仙台藩を救うために尽力した忠臣」として評価されています。

人からよく思われたいって本能じゃない？

背のびする自分
卑下する自分
どっちもいやだけど
どっちも自分

詩人
相田みつを

「自分をよく見せるため、人に好かれるためについ背伸びする」、「人からよく思われたり、同情してもらうために自分を卑下する」。人間なら誰しもしてしまう、この行動。そして、そんな自分に嫌気がさしてしまうものです。しかし、それが自分という生き物なのだと認めたとき、初めて自分と向き合うことができるのではないでしょうか。背伸びしたり、卑下したりする自分を受け入れてみようじゃないですか。

名言

「努力は裏切らないって軽々しくいいますけど、補足してあげる必要があるんです。正しい場所で、正しい方向で、十分な量なされた努力は裏切らない。」林 修（塾講師）

私って、そんなに変かなぁ〜

虫だって
光の好きなのと嫌いなのと
2通りあるんだ。
人間だって同じだよ、
皆が皆明るいなんて不自然さ。

オランダ生まれの画家
ヴィンセント・ヴァン・ゴッホ

20世紀の美術界に多大な影響を与えたゴッホですが、生前は絵がほとんど売れず、挫折と失敗の繰り返しでした。経済的にも困窮し、それでも美しき理想郷に全身全霊を捧げて描き続けたのです。周囲から評価されなくても、「皆が皆明るいなんて不自然さ」と自分を貫いたゴッホと同じように、あなたも“人と違っていたっていいじゃない”と開き直れば、いくらか生きやすくなります。

名言

「人間の生の価値は、その人が何をしたかではなく、どうしたかにかかっているべきである。」

キルケゴール（デンマークの哲学者、宗教思想家）

頭も、体力も、自信がない

この世で生き残る生物は、最も頭の良い生き物でも、最も強い生き物でもなく、最も変化に対応できる生き物だ。

イギリスの自然科学者
チャールズ・ダーウィン

生物界では変化に対応できないと自然淘汰《しぜんとうた》されますが、それはビジネス界でも同じ。現在は自己研鑽《じこけんさん》の大切さを説く言葉として語られていますが、ダーウィン自身がこの言葉を残したわけではなく、「進化論」を解釈する過程で生まれたともいわれています。いつまでも過去の成功や習慣にとらわれていると、やがて淘汰されてしまいます。日々刻々と変化する世の中に対応できる人が生き残るのです。

知識

この名言は、2001年の通常国会で小泉純一郎元首相が引用しています。小泉氏は「聖域なき改革」をスローガンに掲げ、「変化を受け入れ、新しい時代に挑戦する勇気こそ、日本の発展の原動力であると確信しています」と述べました。

周りに合わせたほうが
楽なんだけど

絶えずあなたを
何者かに変えようとする
世界の中で、
自分らしくあり続けること。
それがもっとも
すばらしい偉業である。

アメリカの思想家、
作家、詩人
ラルフ・ウォルドー・エマーソン

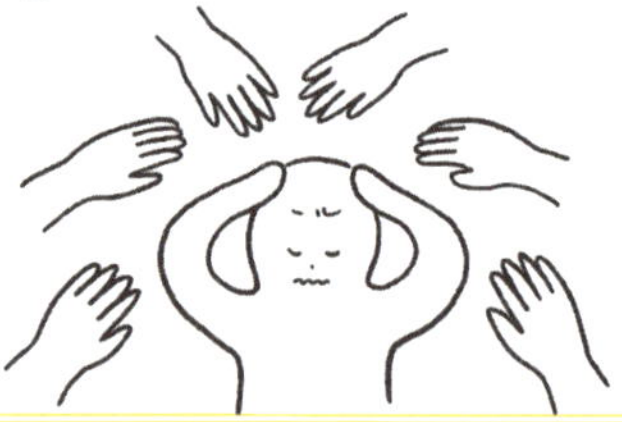

絶えずやってくる情報に惑わされ、感情の波に流されがちな現代。そのせいで、“自分らしさ”とは何か、見失うことも多いでしょう。アメリカの思想家エマーソンは、「自分らしくあり続けることが素晴らしい」と説いています。「真理は自分の内にあり、付《ふ》和《わ》雷《らい》同《どう》せず、常に自己を拠《よ》りどころとして生きよ」という彼の信条は、ニーチェや宮沢賢治など、多くの思想家や文人に影響を与えています。

名言

「忙しいと疲れたは、自慢にならん。」

吉田 茂（外交官、政治家、第45・48～51代内閣総理大臣）

友人や知人に陰口を言われている……

人を信じよ。
しかし、その百倍も自らを信じよ。
時によっては、信じきっていた
人々に裏切られることもある。
そんなとき、自分自身が
強い楯であり、味方であることが、
絶望を克服できる唯一の道なのだ。

漫画家
手塚治虫

『あなたに贈る81人のことば』1986・11・25（全日本社会教育連合会）

『鉄腕アトム』や『ブラック・ジャック』など、数多くの名作を生み出した手塚治虫さんですが、その人生は苦悩の連続でした。ときには信じていた相手から裏切られ、「手塚作品は時代遅れ」などと罵られて絶望しますが、それでも自分自身の力で這い上がり、「漫画の神様」としての確固たる地位を築きました。苦悩に陥っても、最後まで自分を信じることが大事だということを“神様”は説いているのです。

名言

「ほんとうの勇気というものは、目撃者のいない場合に示される。」

ラ・ロシュフコー（フランスのモラリスト、著述家）／『ラ・ロシュフコー箴言集』（岩波書店）

やっぱりお金はあったほうがいいし
それなりの名声も欲しい

人の本当の値打ちというものは、宝石でもなければ黄金でもない。地位でもなければ名誉でもない。ただ信念の二文字である。

古代イスラエル（ヘブライ）の王　**ソロモン**

人生においてもっとも値打ちがあるものは何か。古代イスラエルの最盛期を築いたソロモン王は、金や名誉ではなく“信念”であると説いています。彼は今から3000年前を生きた人物ですが、長い年月が経った今もなお、この真理に気づいていない人は大勢います。ソロモンの時代と比較すると科学は飛躍的な進歩を遂げましたが、人間の本質はさほど変わっていないことがうかがえます。

知識

ソロモンはイスラエル統一王国の第3代の王で、国内制度の整備や軍制改革、周辺諸国との交易などで国を豊かにしました。人並み外れた知恵者だったことから、欧米圏では「稀代の天才魔術師」として語られることが多い人物です。

最近、やる気も元気も出ないのは
仕事のせいじゃないか！

ぱさぱさに
乾いてゆく心を
ひとのせいにはするな
みずから
水やりを怠っておいて

詩人、童話作家、脚本家
茨木のり子

『自分の感受性くらい』茨木のり子（花神社）

戦後の日本を代表する女性詩人・茨木のり子さんの代表作『自分の感受性くらい』の一節です。ドラマ「3年B組金八先生」でも、金八先生がこの詩を生徒に紹介しています。誰かを責めてしまいそうになるとき、余裕がなくて自分を見失いそうになるとき、この詩を読んでみましょう。誰かのせいにするということは、反省しないことでもあります。まずはいったん思いとどまることが大事なのです。

名言

「羞恥心は塩のようなものである。それは微妙な問題に味をつけ、情趣をひとしおに深くする。」

萩原朔太郎（詩人）

すぐに気持ちが折れちゃう

自分の気持ちには、従うべきだと思います。私もいつもそのようにしましたから。

モナコ公国の公妃、アメリカの元女優
グレース・ケリー

自分の考えを優先するか、周囲の忠告に従うか。ハリウッドの人気女優からモナコ公妃へ、華麗なる転身を遂げたグレース・ケリーですが、当初、国民からはよそ者扱いされます。それでも王室という世界で生きていけたのは、周囲に振り回されず、常に自分の気持ちに従って生きてきたから。人の言葉にばかり頼っていると、何かあるとつい責任転嫁して放り出しやすく、長続きしないのです。

名言

「楽しいから笑うのではない。笑うから楽しいのだ。」

ウィリアム・ジェームズ（アメリカの哲学者、心理学者）

オレは人とは違うんだ！

自分の信じる通り
やってごらん。
でもなあ、人と違う生き方は、
それなりにしんどいぞ。
何が起きても、誰のせいにも
できないからね。

原作漫画：柊あおい
監督：近藤喜文

月島靖也のセリフ アニメ「耳をすませば」より

スタジオジブリ制作のアニメ映画「耳をすませば」で、ヒロインである雫の父・靖也が、受験勉強そっちのけで物語を書くことに没頭する娘に対して発したセリフです。娘の夢を応援しながらも、人と違うことで生きていくことの難しさを説いています。靖也もまた図書館で働きながら郷土史家として活動するという人と違う生き方をしていた人物。あなたは自分を貫く覚悟と責任、持てていますか？

名言

「私は悪人です、と言うのは、私は善人です、と言うことよりもずるい。」

坂口安吾（作家）／『私は海を抱きしめていたい』

締め切りギリギリにならないと
なかなか頑張れない私って……

人間とは
本来弱いものだ。
だが、信念とか使命感で
行動するときは、
なぜか果てしなく強くなる。

ダイエー創業者
中内 功

一代で巨大流通グループを築き上げ、日本の流通業界に革命をもたらした中内功。「価格決定権をメーカーから消費者に取り返す」という強い信念のもと、ときにはメーカーと対立しながらも消費者主体型の流通システムを確立させます。しかし、晩年は凋落《ちょうらく》し、経営者の座を追われて寂しく世を去りました。そんな「人間の弱さ」を自ら体現したからこそ、この言葉に説得力が感じられるのです。

名言

「ロウソクは自分自身で輝くから、どんな大きなダイヤよりも美しい。」

マイケル・ファラデー（イギリスの物理学者、化学者）

運命はなりゆきだと思ってた

考えは言葉となり
言葉は行動となり
行動は習慣となり
習慣は人格となり
人格は運命となる

イギリスの第71代首相
（初の女性首相）
マーガレット・サッチャー

強固な信念を持ってイギリス経済を立て直し、「鉄の女」と呼ばれたマーガレット・サッチャー。映画「マーガレット・サッチャー　鉄の女の涙」で、年老いた彼女がこの言葉を語っています。自分の考えを言葉にして、それを行動につなげて習慣にすることで自分の人格となり、人生まで変えていきます。すべては自分がどう考えているのかから始まり、考え方を少し変えるだけで運命さえも変わるのです。

名言

「人の心はパラシュートのようなものだ。開かなければ使えない。」

ジョン・オズボーン（イギリスの劇作家）

自分探しの旅に出ようと思う

人生とは自分を見つけることではない。人生とは自分を創ることである。

アイルランドの作家（ノーベル文学賞）、政治家、教育家

バーナード・ショー

「自分探し」という言葉がはやりましたが、バーナード・ショーは「自分は“見つける”のではなく“創る”ものだ」と説いています。彼は19世紀から20世紀にかけて活躍した劇作家・小説家で、ノーベル文学賞も受賞しています。「自分が何者かわからない」と悩む人もいますが、探しに旅へ出ても見つかるものではありません。自分で創っていかなければならないので、日々の積み重ねが大事なのです。

名言

「平等は自然の法則ではない。自然はなにひとつ平等なものをつくってはいない。自然の法則は服従と隷属である。」

ヴォーヴナルグ（フランスのモラリスト、侯爵）

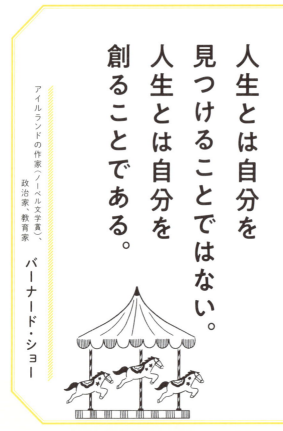

すぐにクヨクヨ思い悩んじゃうんだけど……

我思う、ゆえに我あり。

フランスの哲学者、数学者

ルネ・デカルト

『方法序説』より

フランスの哲学者デカルトが自著で提唱した言葉で、「自分がなぜここにあるのか」を考えること自体が自身の存在を証明していることを示しています。彼は100％「真」と言い切れないものは「偽」とみなし、少しでも疑いがあるものを排除していくと、最終的には「疑っている自分という存在を疑うことはできない」と言います。大いに思い悩みましょう。それこそ、あなたが生きているという証なのです。

知識

真理に至るために、少しでもいったんすべてのものに懐疑を抱くことを「方法的懐疑」といいます。これを徹底することで、「我思う、ゆえに我あり」の境地に達するとデカルトは説いています。

最近、空なんて見ていないかも

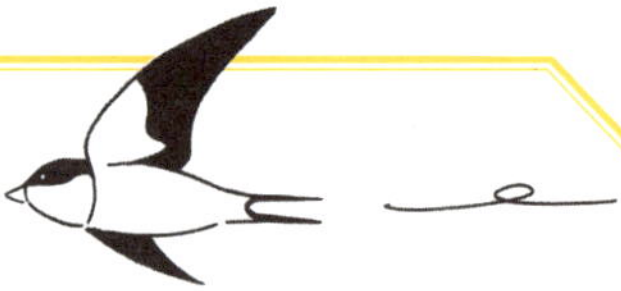

こころが疲れてしまったら
澄みきった青空を見上げなさい
さわやかな大空を吹き抜ける
風になりなさい

絵本作家 **葉《よう》 祥明《しょうめい》**
『風にきいてごらん』より

絵本作家・葉祥明さんの詩の一文です。忙しかったり、つらい出来事が続いて心が疲れたら、とりあえず空を見てみましょう。医学的にも、明るい青空は心拍数や血圧を下げ、リラックスした状態に導いてくれることがわかってきています。また、青を見ると癒やしホルモンのセロトニンが分泌されて、幸福感が得られます。流れ行く雲をボーッと眺め、風になったつもりで青空に身をゆだねてみましょう。

名言

「笑顔は1ドルの元手もいらないが、百万ドルの価値を生み出す。」

デール・カーネギー（アメリカの教育者、自己啓発作家）

『風にきいてごらん』葉 祥明（大和書房）

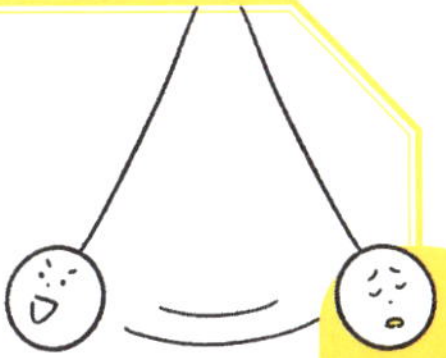

私って全然ダメダメだ

私の経験によれば、欠点のないものは取り柄もないものだ

アメリカの第16代大統領
エイブラハム・リンカーン

自分に自信がないと、どうしても自分の欠点が気になります。しかし、人間、成功者にだって何かしらの欠点があるもの。欠点に気づかずのうのうと生きているより全然マシです。悲観的にとらえすぎる必要はありません。リンカーンもうつ病を患っていましたが、それを乗り越えてアメリカ大統領まで上り詰めています。自分の欠点を知ることが長所に気づく第一歩。悩む必要はないのです。

名言

「お金儲けのうまい人は、無一文になったときでも、自分という財産をまだ持っている。」

アラン（フランスの作家、詩人、哲学者）

ひとりでいると寂しくてしょうがない

ある程度孤独を愛することは、静かな精神の発達のためにも、また、およそ真実の幸福のためにも、絶対に必要である

スイスの哲学者、法学者

カール・ヒルティ

最近はひとりで行動する「おひとりさま」が浸透する一方で、常に誰かとつながっていないといられないSNS依存も進んでいます。『幸福論』の著者として知られるカール・ヒルティは、孤独の有益性を19世紀の段階から説いています。日常的に幸せになるには精神の発達が欠かせませんが、そのためには物事をひとりで考える時間も必要です。休日くらい、SNSを封印してみるといいかもしれません。

名言

「人間は笑うという才能によって、他のすべての生物よりすぐれている。」

ジョセフ・アディソン（イギリスの作家、詩人、政治家）

自分をオタクだと認めるのは、ちょっと……

夢は一人ひとり違うものです。
興味や才能もみんな違うのです。
それが個性というものです。
どうして
「こうでなくてはいけない」と
決めつけるのでしょうか。

俳優、司会者、ユニセフ親善大使
黒柳徹子

唯一無二の個性を武器に活躍してきた黒柳徹子さんですが、若い頃は個性的すぎるゆえに番組を降ろされたこともあります。そんな経験があったからこそ、黒柳さんは若い人たちに向けて個性の大切さを説いています。「私はオタクだ」と堂々と認めたら、案外、すっきりするものです。自分と他人を比べるのではなく、自分の世界を広げていくことで新たな可能性だって見つかるはずです。

名言

「自分を変えたいという希望は、誰でも持つものだが、“変わる”のではなく、個性を磨いて“成長”していくんだ。」

リチャード・H・モリタ（カウンセラー）／『自分らしく成功する6つのレッスン』（イーハトーヴ出版）

幸せって感じるより
不幸だなと思うことのほうが多い

人は、不幸のときは
一を十にも思い、
幸福のときは
当たり前のように
それに馴れて、
十を一のように思います。

作家、天台宗の尼僧

瀬戸内寂聴《じゃくちょう》

人は幸福よりも不幸を過大にとらえがちですが、寂聴さんは、こうした考え方を改めることの大切さを述べています。世の中には不幸と同じ数だけ幸福がばらまかれているので、それを拾っていくのが大事なのです。なかには、当たり前の幸せに気づかないまま過ごしているときも。たとえ小さくてもしっかりと幸せをかみしめられれば、意外と人生楽しく過ごせちゃいます。

名言

「確実に幸福な人となるただひとつの道は人を愛することだ。」

レフ・トルストイ（ロシアの作家、思想家）

ああ、なんだか、毎日忙しい……

きみは
ごちゃ混ぜにしてる……
大事なことも
そうでないことも、
いっしょくたにしてる！

サン＝テグジュペリ『星の王子さま』より

フランスの作家、飛行士

世界中で読まれている名作『星の王子さま』の一文で、重要なことと そうでないことをごちゃ混ぜにした主人公に向かって言った、王子さまの言葉です。「忙しい」が口癖になっている人は、どうでもいいことを「大事なこと」として扱い、本当に大事なことを忘れたり、見落としたりしていませんか？　本当は大事なのに時間が使えていないものがあれば、そこにきちんと目を向けなければなりません。

名言

「この世にあるもので、一つとして過ぎ去らないものは無い、せめてその中で、誠を残したい。」

島崎藤村（作家）

どうして幸せになれないの！

幸福は空から降ってくる物でも、誰かに与えられる物でもない。自分で作り出すものなのだ。

フランスの作家、詩人、哲学者

アラン　『幸福論』より

フランスの哲学者アラン（本名：エミール＝オーギュスト・シャルティエ）が著した『幸福論』の一文です。向こうから来た幸福、与えられた幸福というのは案外退屈しがちですが、自分から手に入れようと動き出せば、自然とアドレナリンが出てきます。幸福になろうと欲し、行動することでさらなる充実感を得ることができるので、「最近幸せを感じない」と思ったら、とにかく行動してみましょう。

名言

「自分は意志が弱い。その弱さを克服するには、自分を引き下がれない状況に追い込むことだ。」

植村直己（冒険家）

今の状況、まるで地獄絵図ね

心というものは、
それ自身一つの
独自の世界なのだ、
——地獄を天国に変え、
天国を地獄に
変えうるものなのだ。

イギリスの詩人　**ジョン・ミルトン**『失楽園』より

『失楽園』ジョン・ミルトン（岩波書店）

イギリスの詩人ミルトンの代表作『失楽園』の一文です。人間関係や恋愛で、仕事が忙しくて、「地獄だ」とついつぶやいたあなた。楽しく毎日が過ごせるかどうかというのは、自分の心がけひとつ。この世が天国か地獄かは、あなたの気持ちの有りようしだいなのです。心が前向きなら、困難に直面しても気持ちで乗り越えられるようになります。プラス思考で自ら道を開いていきましょう。

名言

「先延ばしにする癖のある人は、人生を漫然と過ごして失敗する。」

アンドリュー・カーネギー（アメリカの鉄鋼王、カーネギー鉄鋼会社創業者）

これは失敗じゃないもん

過ちて改めざるを、これ過ちという。

古代中国の思想家、儒家の始祖

孔子

『論語』より

「過ちを犯したことに気づいていながら、それを改めないのが本当の過ちである」という意味で、中国の思想家・孔子と弟子たちの語録をまとめた『論語』に記されています。失敗というのは誰にでも起こりうるもので、致し方ないことです。しかし、悔い改めなければ同じ失敗を繰り返してしまいます。一時の失敗を「よい経験」として受け止め、その後の人生に活かすことが大事なのです。

名言

「“僕はずっと山に登りたいと思っている。……でも明日にしよう”。おそらくあなたは、永遠に登らないだろう。」

ナポレオン・ボナパルト（フランスの軍人、政治家、皇帝）

うまくいかないのは、あいつのせいだ！

俺の敵はだいたい俺です

漫画家
小山宙哉《ちゅうや》
漫画『宇宙兄弟』より

漫画『宇宙兄弟』小山宙哉（講談社）

一度は諦めた宇宙飛行士になる夢が現実のものとなろうとするとき、主人公の南波六太《なんばむった》は、自分の夢をさんざん邪魔して足を引っぱり続けたのは結局、自分自身だったと振り返ります。うまくいかないことがあると、他人だったり、あるいは環境だったり、人は何かのせいにしがちではないでしょうか？　でも、六太の言うとおり、本当の敵は困難を前に尻込みしてしまった自分自身かもしれません。

名言

「目の前の山に登りたまえ。
山は君のすべての疑問に答えてくれるだろう。」

ラインホルト・メスナー（イタリアの登山家）

生まれ持った容姿は変えられないんだから
不公平じゃないですか!

美しさは、あなたがあなたらしくいると決めたときに始まる。

フランスのファッションデザイナー
ココ・シャネル

ファッション界に革命をもたらしたココ・シャネルは、本当の美しさは自分が自分らしく生きると決めたところから始まるのだと述べています。「自分らしく」というのは、自分に自信がなければできないこと。品のよさや言葉づかい、しぐさといった内面の輝きを高めることが、「美しい装いが似合う女性」への第一歩。生まれ持った容姿だからと、不公平をなげく必要はないのです。

名言

「20歳の顔は自然の贈り物、30歳の顔はあなたの人生。
でも、50歳の顔はあなたの功績よ。」

ココ・シャネル（フランスのファッションデザイナー）

自分は美しかったことなんて一度もなかった！

美しい唇であるためには
美しい言葉を使いなさい。
美しい瞳であるためには
他人の美点を探しなさい。

イギリスの俳優
オードリー・ヘプバーン

この言葉は、外見だけでなく内面の美しさでも多くの人々を惹きつけた大女優ならではの名言です。彼女はこの言葉を自分の子たちに読み聞かせましたが、元々はアメリカの詩人が創作した詩の一節といわれています。若い頃のヘプバーンは意外にも容姿に対してコンプレックスを抱いており、だからこそ美しい言葉や立ち居振る舞い、見る目を養うといった内面を磨く大切さに気づいたのでしょう。

名言

「たしかに私の顔にしわも増えました。ただ、それは私が多くの愛を知ったということなのです。だから私は今の顔のほうが好きです。」

オードリー・ヘプバーン（イギリスの女優）

かっこいい人間になりたい!

自信が最高のアクセサリーよ。

イギリスのファッションデザイナー
ヴィヴィアン・ウエストウッド

1970年代にパンク・ムーブメントを生み出し、奇抜で挑発的なファッションで多くの人々を魅了したヴィヴィアン・ウエストウッド。ファッションデザイナーとして初めてエリザベス女王から「デイム」の称号を授かり、今なお現役で活躍し続けています。自分のアイデンティティを貫く自信があったからこそ、挫折や失敗を乗り越えて成功を収められたのだと思います。

名言

「不可能の反対は可能ではない。挑戦だ!」

ジャッキー・ロビンソン(黒人初のメジャーリーガー)

きっと「ダサい」と
思われているに違いない……

よく見なさい。
美とは取るに足りない
ものかもしれない。

ドイツの哲学者
イマヌエル・カント

ドイツの古典主義哲学の祖であるカントは、「美」の判断について、「当人が主観的に快さを感じるものを“美しい”とみなし、不快に感じるものを“醜《みにく》い”とする」と述べています。これを「趣味判断」と呼び、「質」「量」「関係」「様相」の観点から考察できるとしています。「美」については、人の好き嫌いで判断される部分が多いので、過剰に気にする必要はないのかもしれません。

知識

カントの哲学は『純粋理性批判』『実践理性批判』『判断力批判』という3つの批判の書にちなんで、「批判哲学」と呼ばれています。彼は生涯のほとんどを故郷のケーニヒベルクで暮らし、「ここにいれば世界のすべてがわかる」と話しています。

悪い大人になっているかもしれない

良い大人と悪い大人を、きちんと区別出来る目を養ってください。良い大人とは、言うまでもなく人生のいつくしみ方を知っている人たちです。

作家

山田詠《えい》美《み》

『放課後の音符』より

『放課後の音符（キイノート）』山田詠美（新潮社）

作家・山田詠美さんの短編集のあとがきに書かれたメッセージで、10代の女の子に向けたものですが、大人側の心構えとしても響く言葉です。「悪い大人は、時間、お金、感情、すべてにおいて、けちな人々」と続きます。「良い大人」とは時間やお金の使い方に長《た》け、立ち居振る舞いや言葉の選び方が丁寧であること。自分を大切にし、他人に対して敬意を持って接することができるのも大切でしょう。

名言

「失敗して、前に進めない人には2種類ある。考えたけれど実践しなかった人と、実践したけど考えなかった人だ。」

ローレンス・ピーター（アメリカの教育学者、「ピーターの法則」の発見者）

尊敬する人なんていません

万事に先立ち、まず汝自身を尊敬せよ。

古代ギリシアの数学者、哲学者

ピタゴラス

「尊敬できる人は？」と面接などで聞かれて困った人も多いはず。ピタゴラスは「自分自身を尊敬せよ」と述べていますが、そのためには自分のことを理解しておかなければなりません。まずは自分にどんな価値があるのかを考えましょう。自己肯定することは自分を信じることで、自意識過剰とは違います。自らの価値がわかれば、それを活かして生きるための努力ができるようになります。

名言

「障子《しょうじ》を開けてみよ。外は広いぞ。」

豊田佐吉（豊田自動織機創業者）

いつまでも運命の出会いを待ってます

汝の運命の星は汝の胸中にあり。

ドイツの詩人、歴史学者、劇作家、思想家

フリードリヒ・フォン・シラー

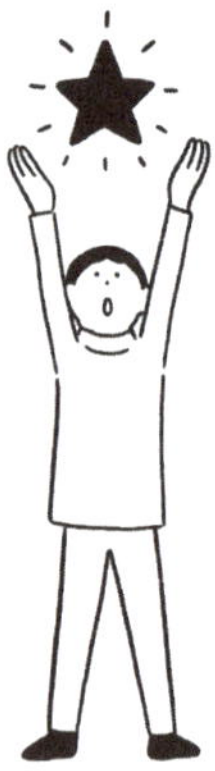

シラーはゲーテと並ぶドイツ古典主義の代表的人物で、彼が追い求めた「自由」の思想はドイツ国民に多大な影響を及ぼしました。可能性というものは自分自身の中にあり、それを発揮することで自分の運命は開かれていくのです。待っていれば訪れるのが運命と勘違いしている人が多いようですが、運命とは、自分自身の意志と行動、そして努力によって、切り開くものなのです。

名言

「人間の運命は人間の手中にある。」

ジャン・ポール・サルトル（フランスの哲学者、作家）

もうだめだ〜と思ったときに

君は、自分で思っているよりも、勇敢で、強くて、賢いんだ。

イギリスの作家　A・A・ミルン『くまのプーさん』より

ディズニー映画「くまのプーさん　クリストファー・ロビンを探せ！」で、プーさんの大親友であるクリストファー・ロビンが発したセリフです。クマのプーさんはディズニーのキャラクターで有名ですが、ミルン原作の児童小説には、大人も思わずジーンとくる名ゼリフがいっぱい。もう終わりだ、生きるのがつらいと感じたときこそ、この言葉を心の中で唱えれば、勇気がわいてくるはず。

名言

「誰もあなたの代わりに行動してくれる人はいない。」

オグ・マンディーノ（アメリカの自己啓発書作家、講演家）

学歴が気になって気後れしてしまう

常識の有無は
教育の有無とは
関係ない。

フランスの詩人、作家

ヴィクトル・ユーゴー

『断片』より

不朽の名作『レ・ミゼラブル』を著したヴィクトル・ユーゴーの名言。高い教育を受けた高学歴者なのに、常識を知らない人は意外といるものです。学校では「勉強ができる＝頭がよい」とされますが、社会ではコミュニケーション能力や決断力、一般常識などのほうが重視されます。学歴なんて気にせず、読書などで「考える力」を身につけたり、人づきあいの幅を広げたり、人間力を磨きましょう。

知識

『レ・ミゼラブル』は、パンを1本を盗んだことで19年も獄中生活を強いられたジャン・ヴァルジャンの生涯を描いたヴィクトル・ユーゴーの作品です。ユーゴーはフランス皇帝ナポレオン3世を批判したことから弾圧対象になり、19年間の亡命生活を送っています。

涙を流しそうになったら
ぐっとこらえてしまう

目に涙を
宿すことがなければ、
魂に虹はかからない。

アメリカの作家、詩人、図書館員
ジョン・ヴァンス・チニー

色鮮やかな虹は、雨が降ったあとにかかります。それと同じように、悲しかったり、つらいと感じて涙を流したとしても、いつかは“希望の虹”がかかります。泣くことにはネガティブなイメージがありますが、実は副交感神経を刺激してストレス解消になることがわかっています。映画などを見て感動の涙を流すのでもよいのです。我慢せずに泣いてすっきりすることで、新たな希望が見えてきます。

名言

「寒さに震えた者ほど、太陽を暖かく感じる。
人生の悩みをくぐった者ほど生命の尊さを知る。」

ウォルト・ホイットマン（アメリカの詩人）

第2章

人生をかみしめる

自由を持て余したり、新しい世界に踏み出すのに尻込みしたり……。目の前に見えているのに、なぜかつかむのが難しいのが幸福です。けれど、その幸せをつかもうとすることこそ、生きるということ。名言からは、先人たちが迷い進んだ軌跡が垣間見えます。

上り坂と下り坂は、一つの同じ坂である。

古代ギリシアの哲学者
ヘラクレイトス

「自然界は絶えず変化している」という万物流転の思想を説いた、古代ギリシアの哲学者・ヘラクレイトスの言葉です。上り坂も反対側から見れば下り坂で、ひとつの坂道も見る角度によって「上り」にも「下り」にもなります。自分が置かれている状況を下っているととらえるか、上っているととらえるかは結局自分の気持ちしだいなので、それならば前向きにとらえたほうがよいと思います。

名言

「人の一生は重荷を負うて遠き道をゆくがごとし、いそぐべからず。」

徳川家康（戦国武将、江戸幕府の初代将軍）

失敗したらそこで終わりなのか！

山は西からも東からでも登れる。自分が方向を変えれば、新しい道はいくらでも開ける。

パナソニック創業者、発明家、著述家

松下幸之助

『道をひらく』松下幸之助（PHP研究所）

その道が自分の進むべき道でないとわかったとき、固執せずに別のルートを探すことで新たな道が開けることを説いた松下幸之助の言葉です。彼は先入観や常識にとらわれないやり方で松下電器（現パナソニック）を一大企業に育て上げ、「経営の神様」と呼ばれました。目標を達成するための手段はひとつではないので、いくら頑張っても結果が出ないときは、別の手段を試してみましょう。

名言

「いくつになってもわからないものが人生というものである。……わからない人生を、わかったようなつもりで歩むほど危険なことはない。」

松下幸之助（パナソニック創業者、発明家、著述家）／『道をひらく』（PHP研究所）

先が見えない道なんて
考えるのも恐ろしい

道をえらぶということは
かならずしも
歩きやすい安全な道を
えらぶってことじゃ
ないんだぞ

漫画家
藤子・F・不二雄
漫画『ドラえもん』より

漫画『ドラえもん』42巻（「右か左か人生コース」より）、藤子・F・不二雄（小学館）

漫画『ドラえもん』には、大人の心にもしみる言葉が満載。これは、「右か左か人生コース」中のドラえもんのセリフです。人生の選択肢を迫られたとき、人はつい楽なほうに流れがち。しかし、将来を考えると、それが果たして正しい選択でしょうか。嫌なことが待ち受けているのがわかっていても、遠い先の未来に自分が思い描く理想の姿があるのなら、楽ではない道に進むことも必要なのです。

名言

「人生は不安定な航海だ。」

ウィリアム・シェイクスピア（イギリスの劇作家、翻訳家、詩人）／『アテネのタイモン』

自由でいいって、何を選んだらいいの？

わたしは自由です。だから道に迷ったのです。

チェコの作家
フランツ・カフカ

自由というのは一見素晴らしいものですが、決められたルールや目標がないのは意外と生きるのが難しい。忙しすぎる、余裕がなさすぎるのも問題ですが、自由な環境では自分をコントロールする「自制力」が求められます。最近は働き方改革で長時間労働が是正される傾向にありますが、一方で、街でフラフラする「フラリーマン」も増加。道に迷わないよう、やりたいこと、やるべきことを見直して。

知識

フランツ・カフカはチェコ出身の作家で、公務員として働きながら執筆活動を行っていました。没後に友人が遺稿を発表したところ高く評価され、現在は20世紀を代表する純文学作家として評価されています。代表作は『変身』『審判』『城』など。

自由でいいなら遊んじゃうよ

自由は
山巓《さんてん》の空気に似ている。
どちらも弱い者には
たえることはできない。

作家
芥川龍之介『侏儒の言葉』より

「僕の将来に対するぼんやりとした不安」という言葉を残して自殺した芥川龍之介にとって、「自由」は必ずしも楽しいものではなかったようです。多くの人が自由を望んで行動しますが、自由には責任もともないます。山巓の空気は非常に薄く、体力がないと耐えられませんが、それと同じように、心が強くないと「自由」をどう扱っていいのかわからず、耐えきれなくなってしまうのです。

名言

「見ればただ 何の苦もなき 水鳥の 足にひまなき 我が思いかな」
（水鳥はなんの苦もなく泳いでいるように見えるのと同じように、他人から見るとのんきに見えることでも、実は大変なことだ）　**水戸光圀《みつくに》**（水戸藩第2代藩主）

新たな発見の旅に出かけたのに
何も発見できなかった……

発見の旅とは、新しい景色を探すことではない。新しい目で見ることなのだ。

フランスの作家
マルセル・プルースト

自分探しの旅に出られさえすれば、何かが見つかる……と安易に考えていませんか？　単に観光地を巡るのではなく、新しい視点を持てるかどうかというのがプルーストのいう「発見の旅」です。旅に出るといつもと違う人や言語、環境と出会いますが、そこで今まで持っていなかった新たな視点や価値観を宿すことができなければ、せっかくの旅も単なる暇つぶしになってしまうのです。

名言

「熱意を失ってしまった人ほど年老いた人はいない。」

ヘンリー・デイヴィッド・ソロー（アメリカの作家、思想家、詩人、博物学者）

あのとき、こうしていれば……

神すら過去を改めることはできない。

古代ギリシアの哲学者

アリストテレス

過ぎ去った日々は、どんなに頑張っても変えることはできません。失敗やミスをいつまでも引きずる人がいますが、それだと気持ちが晴れず、自分の人生は苦しいままです。神様にだってどうすることもできないのですから、損でしかありません。そもそも人生は思いどおりにはいかないものですから、過去の失敗は教訓にしつつ、ネガティブな感情を断ち切って前に進むようにしましょう。

知識

アリストテレスはソクラテスやプラトンの後継者としてギリシア哲学を完成させ、後の諸科学に多大な影響を与えた人物です。研究対象は政治や文学、生物学、形而上学など多岐にわたり、「諸学の父」とも呼ばれます。

自分は何も変わってないつもりなんだけど

人生は心一つの置き所。晴れてよし、曇りてよし富士の山、もとの姿は変わらざりけり。

幕臣、政治家、思想家

山岡鉄舟

富士山の姿はいつも同じはずなのに、晴れた日、曇りの日の富士山がよいという人がいるように、世の中の多くのことも、人の心の在り方でよし悪しが変わります。山岡鉄舟は幕臣でありながら明治天皇に仕えましたが、それゆえに陰口も叩かれました。自分の立場が変わり、それまでの友人と敵対したり、あるいはちやほやされたり……、周囲の対応が変わっても、自分を見失わずにいられますか？

名言

「人ははっきりと裏切るつもりで裏切るよりも、弱さから裏切ることが多い。」

ラ・ロシュフコー（フランスのモラリスト、著述家）

人生って長いなぁ

1日1日が
小さな一生なのだ。
毎日毎日の起床が
小さな出生、
毎夜の臥床就寝が
小さな死なのである。

ドイツの哲学者
アルトゥル・ショーペンハウアー

何も考えていないと1日はあっという間に過ぎていきますが、ショーペンハウアーは1日を「小さな一生」に見立て、「今」を大切に生きることの大切さを説いています。「今」という時間はこの世にただひとつしかなく、人生を楽しいものにするためには「今」を変えていかなければなりません。何となく過ごしているなと感じたら、もう一度「今」の大切さをかみしめてみましょう。

知識

ショーペンハウアーはドイツ観念哲学を完成させたといわれる19世紀の哲学者で、ニーチェやアインシュタイン、トルストイなどに影響を与えています。東洋思想の諦念も取り入れ、「執着しても仕方ない」という厭世《えんせい》主義を確立させています。

欲しいものがありすぎて
時間もお金も追いつかない！

水の涯《かぎり》たる、その水なき者なり。
富の涯《かぎり》たる、その富すでに
足れるものなり。
人は自ら足るに止《とど》まること
能《あた》わずして亡ぶ。
それ富の涯《かぎり》か。

古代中国の思想家
韓非《かんぴ》
『韓非子《かんぴし》説林《ぜいりん》』より

韓非の著書『韓非子』の「説林」にある言葉で、斉《せい》の桓公《かんこう》が家臣の管仲《かんちゅう》に「富に限界はあるのだろうか」と尋ねたときの返答です。「水の限界は水のなくなるところ、富の限界は人がそれに満足したところです。しかし、人間は満足できずに富をむさぼり続け、ついには身を滅ぼします。これが富の限界でしょうか」という意味。人間の欲は、昔も今も、国が違えども変わらないことがわかります。

知識

韓非は中国の戦国時代の人物で、彼の思想をまとめた『韓非子』は秦《しん》の始皇帝《しこうてい》や諸葛孔《しょかつこう》明《めい》など、多くの中国の偉人から高く評価されています。韓非は韓の公子でしたが秦の李斯《りし》の讒言《ざんげん》で獄中に入れられ、最期は李斯にうながされる形で自ら命を絶っています。

あの人よりも幸せになりたい

私達は皆、幸せになることを目的に生きています。私たちの人生は一人ひとり違うけれど、されど皆同じなのです。

ユダヤ系ドイツ人
アンネ・フランク 『アンネの日記』より

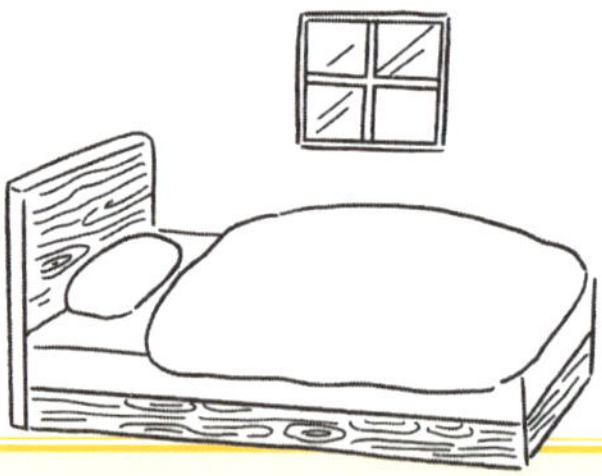

ユダヤ系ドイツ人のアンネ・フランクは、ナチスの迫害を逃れて潜伏生活を送り、その間に『アンネの日記』を書きました。ユダヤ人というだけで苦しみと悲しみに満ちた人生を送らねばならない、彼女の無念な思いを感じ取ることができます。忘れがちですが、人間には、幸せになるために生きる権利が平等に与えられています。今が不幸でも、いつか幸せがやってくると信じることが大事なのです。

名言

「あなたがとがめてよい人は誰もいません。
いるとすれば、それはあなた自身です。」

ジョセフ・マーフィー（アメリカの教育家、自己啓発作家、牧師）

ルールは破るためにあるのさ！

適切にルールを破る方法を見つけるために、ルールを学びなさい。

チベット仏教の最高指導者
（ノーベル平和賞）

ダライ・ラマ14世

この言葉を額面どおりに受け止めてはいけません。「ルールは破るためにある」ではなく、「ルールは時代や状況に合わせて柔軟に変えていくべき」とダライ・ラマ14世は説いているのです。ルールを変えるには、適切にルールを破る方法を見つけないといけません。そのためには現状のルールをきちんと知っておき、新しいルールをつくる（既存のルールを破る）ための糧にしましょう。

知識

チベット仏教の指導者であるダライ・ラマ14世は、チベットを実効支配する中国が勝手に決めた「ルール」に振り回され続けました。亡命の身でありながら高い国際的影響力を誇り、1989年にはノーベル平和賞も受賞しています。

平凡の何が悪いのか！

雑草という草はない。
どんな植物でもみな名前があって、
それぞれ自分の好きな場所で
生を営んでいる。
人間の一方的な考え方で、
これを雑草として
決め付けてしまうのはいけない。

第124代
昭和天皇

「（庭の）雑草をきれいに掃除致します」と言った側近に対し、生物学に造詣が深い昭和天皇が残した言葉です。元々は植物学者の牧野《まきの》富太郎《とみたろう》の言葉とされます。抜きん出た才能がない平凡な自分、あるいは他人を「雑草」「雑草のようにしぶとい」などと表現することがあります。この言葉は、どんな植物にも個性や名前があるように、人間もそれぞれ、唯一の尊い存在であることを思い出させてくれます。

名言

「点数を付けることは出来ないが、まあ努力賞ということで」

第125代天皇（現・上皇）

昭和59年（1984）4月10日、銀婚記者会見にて皇太子妃（当時）に対しての発言

仕事は忙しくないのに
疲れがたまってるのは何で?

私たちの疲労は
仕事によって生じたのではなく、
悩み、挫折、後悔が
原因となっていることが多い。

アメリカの教育者、自己啓発作家
デール・カーネギー

どんなに仕事が忙しくても、気持ちが充実していると疲れを感じないときがあります。一方で、悩みや挫折、後悔などのせいで気持ちが後ろ向きになり、ドッと疲労を感じることも。仕事で疲れる原因は肉体的というよりは、精神的な部分によるところが大きいので、仕事がつらいと感じたら自分の心の在り方を見直してみましょう。気持ちが前向きになることで、仕事の成果も上がっていくはずです。

知識

デール・カーネギーの著書『心を動かす』では、「人を動かす三原則」として「盗人にも五分の理を認める」「重要感を持たせる」「人の立場に身を置く」を挙げています。1936年に初版が刊行され、今なお売れ続けている稀代のベストセラーです。

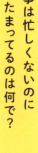

自分にチャンスさえあれば……

チャンスは、準備のない者には微笑まない。

フランスの細菌学者

ルイ・パスツール

入念な準備をしたのに失敗する人がいれば、準備をしていないけどたまたま成果をあげる人もいます。しかし、偶然はそう何回も起こるものではありません。そして、毎回きちんと準備しておけば、必ず幸運がやってくることをフランスの細菌学者パスツールは説いています。「チャンスあれば成功するはずなのに」と嘆く人は、単に待っていてもダメ。準備をして時が来るのを待つことが大事なのです。

知識

パスツールは狂犬病やニワトリコレラなどのワクチンを開発し、予防接種を世に広めたことから「近代細菌学の開祖」とも称されます。微生物のはたらきで酢を大量に作ったり、ワインの腐敗を防ぐための殺菌法を見いだしたり、食文化に関する研究も行いました。

便利になったといっても
幸福とは限らない！

不便が不幸だとは限らない。

精神科医、著述家
斎藤茂《しげ》太《た》

斎藤茂太さんは歌人・斎藤茂《も》吉《きち》の長男で、「モタさん」の愛称で知られる精神科医です。科学の発達によって便利で快適な世の中になったからといって、イコール幸せ度がアップしたとは限りません。いつの時代も家庭の事情や病気、障害などで不便を強いられている人はいます。しかし、不便は工夫で克服することができます。大変なゆえに、幸せをより大きく感じられるというわけです。

名言

「青年時代は日々に短く、年は長い。
老年時代は日々が長く、年は短い。」

ニキータ・パーニン（ロシアの政治家、伯爵）

許せるほど聖人君子じゃない

一瞬だけ
幸福になりたいのなら、
復讐しなさい。
永遠に
幸福になりたいのなら、
許しなさい。

フランスの聖職者
アンリ・ラコルデール

「あいつだけは許せん」。そんな気持ちを抱いたことは誰にでもあるはず。もちろん復讐したくなる気持ちもわかります。しかし、復讐というのは何かしらの爽快感や達成感を覚えるものですが、それで永遠の幸福が得られるとは限りません。復讐は復讐を生み、恨みや憎しみだけが増していくからです。グッとこらえて相手を許すことで、過去と決別して未来に向かって進むことができるのです。

名言

「自分で放ったすべての矢が自分にもどってくる。
自分こそ自分の敵なのだ。」

アラン（フランスの作家、詩人、哲学者）／『幸福論』

日曜日の夜はいつもユーウツになる

1週間のどの日より、
月曜日の朝を
喜んでいいと思うわ。
だって、次の月曜日が来るまでに
まる1週間あるんだもの。

エレナ・ホグマン・ポーター『少女パレアナ』より
アメリカの作家

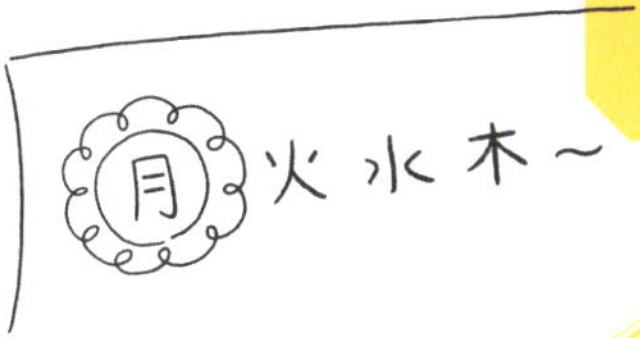

アニメ「愛少女ポリアンナ物語」の原作に登場する言葉。会社勤めの人にとって日曜日の夜は、仕事が始まる月曜日が憂鬱《ゆううつ》でたまりません。でも、主人公パレアナは「次の月曜日がくるまで1週間ある」とポジティブにとらえています。彼女はどんな人に会っても「うれしいこと」「喜べること」を見つけ出します。そんな前向きな心を持つことが憂鬱を吹き飛ばし、人生を楽しく過ごせるカギとなるのです。

名言

「人間の幸福というものは、時たま起こるすばらしい幸運よりも、日々起《おこ》って来る些細な便宜から生まれるものである。」

ベンジャミン・フランクリン（アメリカの政治家、外交官、著述家）／『フランクリン自伝』（岩波書店）

不幸自慢をついしてしまう

幸福のかけらは幾つでもある。ただ、それを見つけだすことが上手な人と、下手な人とがある。

作家
宇《う》野《の》千《ち》代《よ》
『幸福は幸福を呼ぶ』より

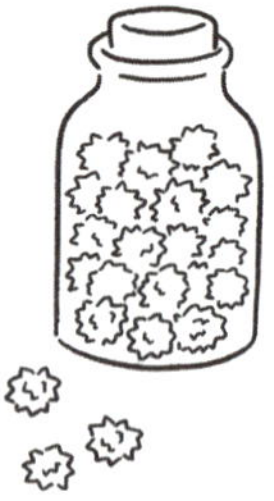

作家や着物デザイナー、実業家として活躍し、多くの恋愛・結婚遍歴を重ね、波乱に満ちた生涯を送った宇野千代。彼女が残した言葉は多くの女性の胸にささり、導いています。「結婚できないのはいい出会いがないから」などと嘆く人もいますが、チャンスは皆平等に与えられています。不幸自慢がクセになっている人は、身の周りに転がっている「幸福のかけら」を見逃しがちなので注意しましょう。

名言

「名言のない時代は不幸だが、名言を必要とする時代はもっと不幸だ。」

ベルトルト・ブレヒト（ドイツの劇作家）

『幸福は幸福を呼ぶ』宇野千代（海竜社）

先が見えない！

いま曲《ま》がり角《かど》にきたのよ。
曲がり角をまがったさきに
なにがあるのかは、わからないの。
でも、きっといちばんよいものに
ちがいないと思うの。

カナダの作家 **L・M・モンゴメリ** 『赤《あか》毛《げ》のアン』より

『赤毛のアン』L・M・モンゴメリ・村岡花子訳（新潮社）

『赤毛のアン』の主人公・アンは、想像力豊かでおしゃべりな半面、容姿にコンプレックスがあり、どこか悲観的です。しかし、だからこそ彼女は「異なる個性を認め合うには何が必要か」「自分の人生を愛する方法とは何か」を模索し、多くの読者の共感を呼んでいるのです。悲観主義者のアンらしくないこの言葉は、自分自身に言い聞かせているセリフなのかもしれません。

知識

『赤毛のアン』の原作者L・M・モンゴメリは、アンと同じく、早くに両親と離れて祖父母に育てられました。孤独で周囲に理解されない少女時代を過ごした経験がアンに投影。若者の心をつかみ、世界37か国以上、累計5000万部以上の大ベストセラーとなっています。

誰かへの憎しみが頭から離れない

いや、わしは人を憎んでなんかいられない。わしには、そんな暇はない。

映画監督
黒澤明
映画「生きる」より

黒澤明監督の映画「生きる」は、余命3か月を宣告された主人公が「生きる」とは何なのかを問い直した珠玉の名作です。主人公は今まで遅々として進まなかった公園の建設に力を注ぎ、その過程では腹立たしいこともありましたが、人を憎む暇もないほど邁進《まいしん》します。憎しみに貴重な人生の時間とエネルギーを使うことの無駄、別の有益なことに力を注ぐことが大事だというメッセージでもあります。

名言

「下らなく過ごしても一生、苦しんで過ごしても一生だ。苦しんで生々と暮らすべきだ。」

志賀直哉（作家）／「らくがき三つ」（『志賀直哉全集』岩波書店）

幸せって何だ？

なにがしあわせかわからないです。
ほんとうにどんなつらいことでも、
それがただしいみちを
進む中でのできごとなら、
峠の上りも下りも
みんなほんとうの幸福に近づく
一あしずつですから

童話作家、詩人
宮澤賢治
『銀河鉄道の夜』より

宮沢賢治は日蓮宗の熱心な信者で、世の中を正しい方向に向けて変えていくことが「本当の幸せに近づく正しい道」と考えていました。毎日悩みなく順調に過ごすことは幸せかもしれません。ただ、苦しみを抱えて生きる人でも、それが本当の幸せにたどり着くための過程であれば必要なことなのです。本当の幸せが何なのかわからない人は、とりあえず自分が信じた道を突き進んでみましょう。

名言

「人間にとってもっとも悲しむべきことは、病気でも貧乏でもない。自分はこの世に不要な人間なのだと思い込むことだ。」

マザー・テレサ（カトリック教会の聖人、修道女）／『マザーテレサあふれる愛』（講談社）

ちょ、ちょっと今決めるんですか

問題の解決は、心の穏やかなときにしなさい。

アメリカの教育家、自己啓発作家、牧師

ジョセフ・マーフィー

「ゴールをはっきりとイメージして、自分自身の潜在意識に落とし込んで行動することで目標達成ができる」という成功法則を提唱したジョセフ・マーフィーの言葉です。怒りや嫉妬、悲しみ、焦りなどがある状態で問題を解決しようとしても、かえってややこしくするおそれがあります。面倒な問題を解決したいとき、重要な決断をするときは、一度、保留にして、心が穏やかなときに行いましょう。

名言

「不快な騒音も、遠く離れて聞けば音楽かと思われる。」

ヘンリー・デイヴィッド・ソロー（アメリカの作家、思想家、詩人、博物学者）

あー疲れた、サボりたい

休みたいなら休めばいいのじゃ

アニメ「おじゃる丸」おじゃる丸のセリフ

原案：犬丸りん
監督：大地丙太郎

「休みたいけど会社を休めない」とボヤきたくなることも多いでしょう。責任感が強いほど、頑張りすぎて心身が壊れてしまいがち。「人がいないから休みにくい」というケースもありますが、「休みたいなら休めばいいのじゃ」と心の中でとなえるだけでもすっきりします。「休む＝悪」という概念を取り払い、「休むことで心身がリフレッシュし、仕事の生産性が上がる」とポジティブに考えるようにしましょう。

名言

「役に立つ物が増え過ぎると、役に立たない者が増え過ぎる。」

カール・マルクス（哲学者、思想家、経済学者、革命家）

最近、ツキに見放された

ポケットを探したってだめです
空を見上げたって
涙ぐんで手紙を書いたってだめです
郵便局に日曜日があるように
幸福にだって休暇があるのですから

劇作家、詩人
寺山修司
『少女詩集』より

『寺山修司 少女詩集』寺山修司（KADOKAWA）

詩人や劇作家、小説家など、マルチに活躍した寺山修司氏の「幸福についての七つの詩」の一節です。人生には不運が続くこともあります。そんなときに、この詩を思い出してください。たまたま、今は「幸福」が休暇中だけなのかもしれない、そう思えば明日への希望がわいてきます。幸福の休暇に気づくことができれば、実は日常のなかに存在するちょっとした喜びや幸せに気づけるようになるはずです。

名言

「人間はその不幸が人目を引けば、それで半分は慰められる。」

デュクロ（フランスの作家）／「断片」

頼んだことができてない……

君は僕のできないことを
してください。
僕は君のできないことを
してあげますから。

放送作家、作詞家
永 六輔
『気楽に生きる知恵』より

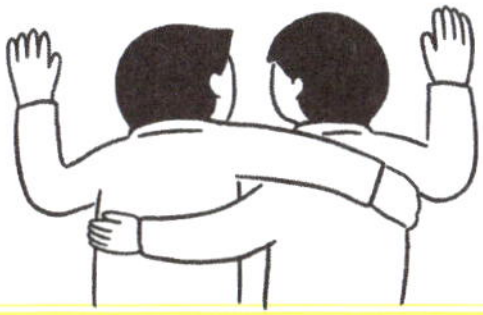

職場や学校などで、人に何かを頼んだのにできていないと、つい腹が立ってしまいます。でも、頼んだ要件がたまたま相手が苦手なことだったのかもしれません。相手ができないことは自分がやればいいし、自分にできないことを相手ができるかもしれないと思えば、何でも許せてしまいます。これは、恋愛や結婚生活でも同じ。「助け合いの精神」こそが人間関係を円満に保つ秘訣なのです。

名言

「仕事のできない人間は2種類に分かれる。
言われたことができない人間と、言われたことしかできない人間だ。」

サイラス・ハーマン・コッチュマー・カーティス（アメリカの実業家）

僕はじっくり考える派なんだ！

長いこと考え込んでいるものが、いつも最善の選択となるわけではない。

ドイツの詩人、劇作家、自然科学者
ゲーテ

進むべき道を決めるために迷い考えることがありますが、時間をかけて考えたものが常に最善だとは限りません。現在のビジネスでは、ときにじっくり考えて出した結果よりも、根拠はないけれど直感で素早く出した結論が正解のことも。速くても雑なのはよくありませんし、重要なものはじっくりと考えないといけませんが、たいていの場合は行動することで道が開けるので、まずはやってみましょう。

知識

ゲーテはドイツを代表する文豪で、代表作には小説『若きウェルテルの悩み』、詩劇『ファウスト』などがあります。ワイマール公国の宮廷顧問などを務めながら作家活動に励み、ドイツ文学における古典主義時代を確立させました。

私って〝引きずる〟性格なんだ

時は偉大な医者である。

イギリスの政治家、作家
ベンジャミン・ディズレーリ
『ヘンリッター寺院』より

ディズレーリは19世紀のイギリスの政治家で、スエズ運河の買収やインド帝国の成立に携わった人物です。人間には自然治癒の力が備わっており、病気やケガも時間が経つことで自然と治っていきます。失敗や失恋、怒りといった負の感情も同様で、時が経過することで自然に消えていくことがあります。イライラが収まらなくても「時が経てば解消する」と考えれば、少しは心が楽になるはずです。

名言

「時は流れる川である。流水に逆らわずに運ばれる者は幸せである。」

クリストファー・モーリー（アメリカの作家、ジャーナリスト）

カッコいい人間と思われたい

ポイントは「カッコいいことをやる」、
ではなく
「カッコ悪いことはやらない」ってとこ。
カッコいいことをやろうとすると
無理が出てくるし、
むいてないことも
しなきゃいけなくなるでしょ。

写真家、映画監督
蜷川《にながわ》実《み》花《か》

舞台演出家・蜷川幸雄氏の娘で、写真家や映画監督として活躍する実花さん。誰もが認める「カッコいい女」ですが、自身は意識してカッコいいことをやっているわけではないというのです。カッコいいことをやろうとすると無理が出てきて、自分に向いていないこともやるはめになる。自分にとってカッコ悪くないか、粋か、野暮かを考えられる視点を持ってみましょう。

名言

「勤勉な馬鹿ほど、はた迷惑なものはない。」

ホルスト・ガイヤー（ドイツの精神科医）／『人生論』

できることが少ないって
魅力が少ないってこと？

人間は何事にせよ、自己に適した一能一芸に深く達してさえおればよろしい。

歌人、作家、思想家
与謝野晶子
『人間礼拝』より

いろんな趣味を持つ、さまざまな雑学に通じているなど、何事も広く浅くが身上という人がいます。でも、基本的には「一芸」さえあれば人生どうにかなるもの。多芸な人のほうが魅力的に見えるかもしれませんが、無骨で地味でも、自分に適した技術や特技を選んで深く掘り下げる人だって大成する可能性は大いにあります。国語指導という道を究めた与謝野晶子だけに、説得力がある言葉です。

知識

与謝野晶子といえば、日露戦争のときに出征した弟を嘆いて詠んだ「君死にたまふことなかれ」が有名ですが、反戦家だったわけではありません。奔放な愛の情熱をうたって注目され、浪漫主義詩歌運動を推進。大正期には、広く女性問題、社会問題にも取り組みました。

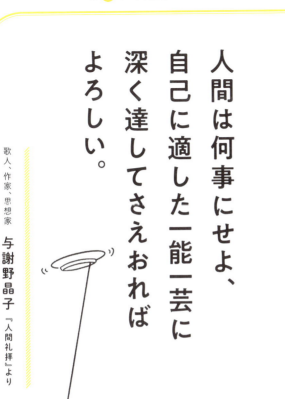

自分は一人で闘っている

青いお空の底ふかく、
海の小石のそのように、
夜がくるまで沈んでる、
昼のお星は眼にみえぬ。
見えぬけれどもあるんだよ、
見えぬものでもあるんだよ。

童謡詩人 金子みすゞ 『星とたんぽぽ』より

「若き童謡詩人の巨星」と賞賛されながら、26歳の若さで世を去った金子みすゞ。これは、昼間に空を眺めても星は見えませんが、たしかに星は存在するという意味の詩です。目に見えないもの、それは人の思いやりだったり、絆だったり……。その中に自分に必要なもの、助けてくれるものが確実に存在します。見えないものに救われていることに気づければ、心が少し楽になるはず。

名言

「幸福とは幸福を探すことである。」

ジュール・ルナール（フランスの作家）

ただただ、生きることがつらい……

生きるということは
1度に限ったことではなく、
何度も生まれ変わる
ということだと気付いたの。
自分の中の最も正直な自分を
見つけるまで、人は何度でも
生まれ変わることができるの。

アメリカのミュージシャン
レディー・ガガ

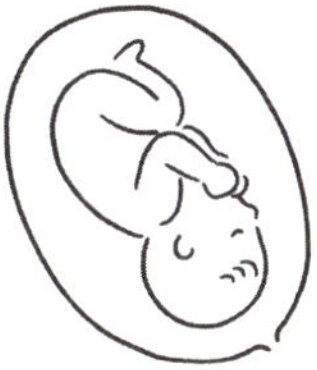

個性的なファッションとパフォーマンスで世界を魅了するレディー・ガガ。しかし、そこにたどり着くまでにはいくつもの試行錯誤や苦難がありました。そのたびに彼女は人生を"リセット"させ、生まれ変わることで乗り越え、世界的なスーパースターにまで上り詰めました。人生がつらいと感じたら、今までのしがらみを断ち切って気持ちをリセットさせ、正直な自分に生まれ変わるのも選択肢のひとつです。

名言

「運命の中に偶然はない。
人間はある運命に出会う以前に、自分がそれをつくっているのだ。」

トーマス・ウッドロウ・ウィルソン（アメリカの第28代大統領）

「NO」とはっきり言えない

人間の、また人性の正しい姿とは何ぞや。欲するところを素直に欲し、いやな物はいやだと言う、要はそれだけのことだ。

作家
坂口安吾
『続堕落論』より

昭和前半の作家・坂口安吾は、『続堕落論』において「日本国民は戦争をやめたかったのに、『天皇の命令』という大義名分のせいで忍んでしまった。日本人は自分で考えることをしなくなった」と述べ、さらに「堕落《だらく》」によって、私たちは人間本位の正しい姿に戻れると説いています。堕落とは「イヤだ」「NO」という自分の意思を貫くこと。ときどきは素直な自分に立ち返り、人生を軌道修正してみましょう。

名言

「他人を裁くより、自分を裁くほうがずっとむずかしい。」

サン=テグジュペリ（フランスの作家、飛行士）／『星の王子さま』

オレの人生、スランプじゃないとき なんてあったのか？

僕は人生は円だと思ってきました。
朝があれば、昼があり、
夜があって、朝がくる。
季節で言えば冬がくれば、
春、夏、秋がきてこれはもう
止めようがありません。
人間もサイクルみたいなものがあって、
調子がいいときもあれば、
悪いときもある。

元プロ野球選手・監督、
福岡ソフトバンクホークス取締役会長
王貞治《おうさだはる》

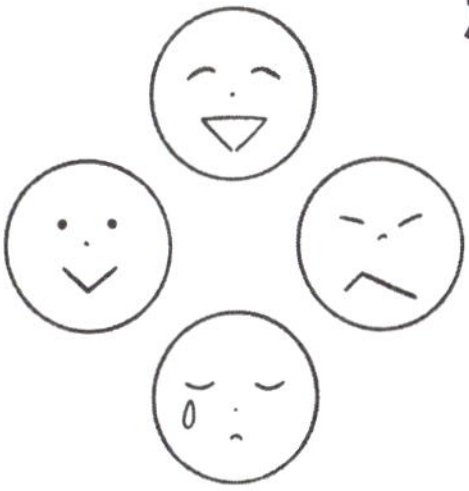

どんなに超一流のスポーツ選手でも、スランプには悩まされるもの。それは朝が来て夜が来る、春が終わって夏が到来するような、自然な流れでやってきます。「世界のホームラン王」と呼ばれた王貞治さんのように、「悪い流れは必ずやってくる」と受け止めたほうが気持ちは楽だと思います。仕事がうまくいかないなどのスランプに陥ったら、「そのうち、よい流れになる」と開き直ってみましょう。

名言

「歴史は永遠に繰り返される。」

トゥキディデス（古代ギリシアの歴史家）

効率のよさを求めすぎて かえってあくせくしてしまう

時間こそが
人生そのものなのです。
そしてそれは
心の中にあります。
時間を節約しようとするほど
生活はやせ細ってしまうのです。

ドイツの児童文学作家
ミヒャエル・エンデ

時間を節約して無駄を減らすのは大事かもしれませんが、ドイツの児童文学作家のミヒャエル・エンデは、節約を意識すると時間にさらに追われるようになると説いています。「タイム・イズ・マネー」という言葉がありますが、無駄な時間がすべて無価値というわけではありません。夕日を見てのんびりしたり、ボンヤリしたりするのも、豊かな人生を送るためにはときには必要なのです。

名言

「青年はけっして安全な株を買ってはならない。」

ジャン・コクトー（フランスの詩人、作家、画家、映画監督）

代わり映えのない日々に息が詰まる

雨を感じられる人間もいるし、ただ濡れるだけの奴らもいる。

ジャマイカのミュージシャン
ボブ・マーリー

同じ道を歩いていても、何も考えずに歩いている人がいれば、美しい花を見つけて感動する人もいます。レゲエミュージシャンのボブ・マーリーは、それを「雨」にたとえて表現しています。過ぎゆく日々をただ無為に過ごすのではなく、心に余裕を持って、何かを感じ取ってクリエイティブな感性を磨く。音楽で世界を変えた「レゲエの神様」からの、珠玉の名言です。

知識

ジャマイカ出身のボブ・マーリーは1981年、36歳の若さで他界しましたが、今なお関連アルバムやコンピレーションが売れ続けています。彼の音楽は人種や宗教の壁を越えて魅了し、コンサートを見に来た2大政党の党首を握手させたという逸話もあります。

貧乏の苦労は
味わった人しかわからない！

人々はお金では貴いものは買えないと言う。そういう決まり文句こそ、貧乏を経験したことがない何よりの証拠だ。

イギリスの作家
ジョージ・ギッシング『ヘンリ・ライクロフトの私記』より

ジョージ・ギッシングは大学時代に恋をして、彼女のために犯罪を犯し、苦しい逃亡生活を送りました。その際に知った労働者階級の悲惨さをテーマに小説を発表。貧乏な経験を自ら味わったことが、このセリフにつながっているようです。「お金では買えないものがある」などという名言はいくつも伝わっていますが、現実の貧乏を知る者からいえば、ちゃんちゃらおかしい、というところでしょうか。

名言

「人生が困難なのではない、あなたが人生を困難にしているのだ。人生は極めてシンプルである。」

アルフレッド・アドラー（オーストリア出身の心理学者）

向上心がないことは悪なのか?

みんながみんな、
向上心持つ必要ないと思います。
みんながみんな、お金持ち
目指してるわけじゃないし。(中略)
一人一人、ちょうどいい場所って
あるんだと思います。

脚本:坂元裕二
ドラマ「カルテット」別府司のセリフ

ドラマ「カルテット」(2017年放送)は、「東京ラブストーリー」などを手がけた坂元裕二氏の脚本作品です。松田龍平さん演じる別府司は有名音楽家の息子ですが、自身はドーナツ会社に勤める平凡な人生を送っています。将来はプロの音楽家になることを期待されて育ったものの、そんな人生に疑問を抱き、自らレールを外れてたどり着いたのが「みんなが向上心を持つ必要はない」という境地でした。

名言

「人生は往復切符を発行していない。
一度出発したら二度と帰ってはこない。」

ロマン・ロラン(フランスの作家、ノーベル文学賞)／『魅せられたる魂』

自分の人生なのに脇役の気分だ

主役などというものは
存在しない。
人生には主役なんてないんだ。
誰もが登場人物にすぎない。

アメリカの俳優、演出家　**リー・ストラスバーグ**

アメリカの俳優で演出家のリー・ストラスバーグの言葉で、後輩俳優のダスティン・ホフマンもこの言葉を引用しています。映画や演劇にはそれぞれ主役がいて、脇を固める人たちがいます。しかし、人生には主役や脇役なんてものは存在しません。つまり、他人が主役の人生を生きる必要はない、誰もが人生の主役であり脇役なのです。自分の人生をつくるのは自分であることをまずは自覚しましょう。

名言

「この世に“雑用”という用はありません。私たちが用を雑にしたときに、雑用が生まれます。」

渡辺和子（教育者）

自由だとか、わがままだとか、
周囲がウルサイ

私は自由な精神でいたいの。それを嫌う人もいるでしょうけれど、それが私なんですもの

イギリス皇太子元妃
ダイアナ

結婚式で皇太子に従うことを宣誓する従来の伝統を拒否したり、乳母に頼らず母乳で王子を育てたり。ダイアナは英国王室の古い慣習を変えた女性です。それゆえに軋轢《あつれき》や衝突もありましたが、彼女の本心から出る言葉や行動は多くの人たちを魅了し、今なお支持されています。嫌われるのを過剰に恐れてはいけません。ダイアナのように、勇気を持って自分の本心に従って行動しましょう。

名言

「人に親切にするのに見返りを求めてはだめ。あなたもまた、お返しができない親切をこれからたくさん受けるんですから。」

ダイアナ（イギリス皇太子元妃）

必ずどこかに逃げ道はあるはずだ

運命というものは、
人をいかなる災難にあわせても、
必ず一方の戸口をあけておいて、
そこから救いの手を
差しのべてくれるものよ。

スペインの作家
セルバンテス 『ドン・キホーテ』より

下級貴族の家に生まれ、お金に苦労し、投獄された経験も持つセルバンテス。けれど、彼は出所後に作家として成功しました。悪いことが続くと「不幸な星の下に生まれた」と嘆きがちですが、彼は「必ず救いの手がある」と言います。彼の実体験から発せられた言葉だけに説得力があります。「悪いことは長くは続かない」「いつかはよくなる」と前向きに考えるのが、不運を抜け出す秘訣かもしれません。

名言

「“明日は、明日こそは”と、人は人生を慰める。
この“明日”が、彼を墓場に送り込むその日まで。」

イワン・ツルゲーネフ（ロシアの作家）

世渡り上手なほうかも

あまりうちとけ過ぎる人間は尊敬を失いますし、気やすい人間はばかにされますし、むやみに熱意を見せる人間はいい食いものにされます。

フランスの作家
バルザック
『谷間のゆり』より

社会人になると、世渡りがうまい人間を見るとうらやましいと感じることがあるでしょう。けれどその人が必ずしも尊敬されているかというと、そうとは限りません。また、熱意に溢れる人間も、いいように使われてしまうことが。バルザックの作品に登場する善人は、偽善的な社会の中で苦悩のうちに亡くなります。上手な生き方とはどのようなものなのか。今も昔も、考えさせられる言葉です。

名言

「“努力すれば、どんなことでもできる”そういうふうな言い方は、人間や人生の真実が見えていないのだな、と思います。」

大村はま（教育者）

すべてを投げ出してしまいたい

1%の希望を見つけてください。それは時間とともに輝きを増して99%の絶望を消し去りますよ。

作家、タレント

志《し》茂《も》田《だ》景《かげ》樹《き》

Twitterより

直木賞作家の志茂田景樹さんはTwitterで人生相談に応じ、数々の金言を残しています。ひとかけらの希望もないと感じていても、どこかに希望のかけらは存在します。だからといって、それを1%見つけるだけでも心が楽になり、徐々に絶望も消えていくはずです。今は何かと心が疲れやすいご時世ですが、いきなり100%の希望を見いだすのではなく、小さなきっかけからつかんでみましょう。

名言

「疑わずに最初の一段を登りなさい。階段のすべてをみなくてもいい。とにかく最初の一歩を踏み出すのです。」

マーティン・ルーサー・キング・ジュニア（アメリカの牧師、ノーベル平和賞）

他人より劣っている自分が嫌い

おごらず、人と比べず、面白がって平気に生きればいい。

俳優
樹《き》木《き》希《き》林《りん》

樹木希林さんの告別式で、娘の也《や》哉《や》子《こ》さんが伝えた希林さんの言葉です。飄々《ひょうひょう》とした演技で数々の賞を受賞し、テレビのオークション企画で「売るものがないから」と自分の芸名を競売にかけるなど、その生き方は唯一無二のものでした。“他人と比べず、自分自身が自分の人生を面白がって生きる”というメッセージは、いつまでも胸に刻んでおきたいものです。

名言

「思いわずらうのはやめろ。なるようになる。すべてがなるようになる。ただ人間は、それを愛しさえすればよいのだ。」

ロマン・ロラン（フランスの作家、ノーベル文学賞）

退屈な毎日はいつまで続くのか

毎日掃いても落葉がたまる。これが取りも直さず人生である。

作家

田山花《か》袋《たい》

『田舎教師』より

私たちは「起床→食事→仕事→帰宅→睡眠」といったルーティンで日常を過ごしています。そんな生活に物足りなさを感じる人もいますが、作家の田山花袋は、「毎日同じ作業を繰り返すこともまた人生だ」と説いています。現状に満足せずにチャレンジすることはとても大事なことですが、平凡な日常のありがたみに気づくことができれば、より生きやすくなるはずです。

名言

「ぐずぐずしている間に、人生は一気に過ぎ去っていく。」

ルキウス・アンナエウス・セネカ（ローマ帝国の政治家、哲学者、詩人）

人生は納得できないことだらけだ

これでいいのだ。

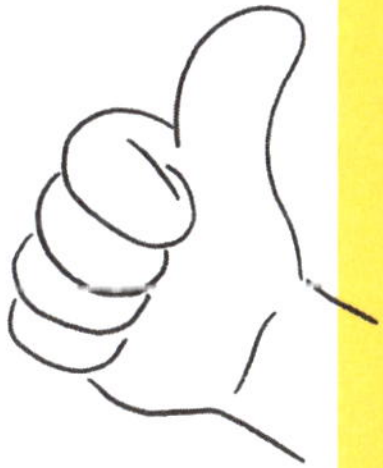

漫画家
赤塚不二夫
漫画『天才バカボン』より

『天才バカボン』は、物語の中で登場キャラクターが笑ったり、怒ったり、駆けずりまわったりしますが、最後はバカボンのパパの「これでいいのだ」で丸く収まります。納得がいかない生活を送っている人は、最後に「これでいいのだ」と言えるような心がけをしてみませんか？ 何もせずに不満をためるのではなく、言いたいことを言う、やりたいことをやるなどして、自分が納得できる人生を送ってください。

名言

「一言ぐらいしかセリフがなくても、
僕がステージの隅っこにいることにも、それなりに意味はある。」

高木ブー（コメディアン、ミュージシャン）

どうすればいいのか迷う～

疑を以《もっ》て疑を決すれば、決必ず当たらず。

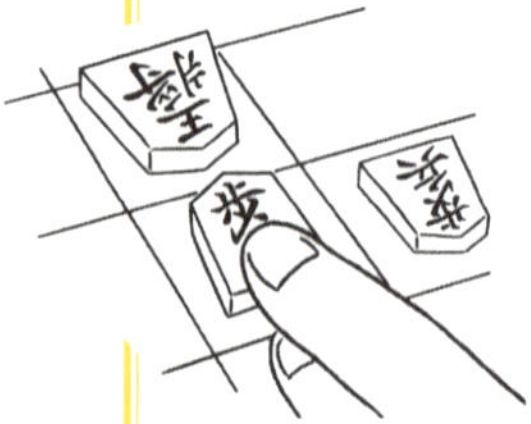

古代中国の思想家、儒学者
荀子《じゅんし》

「あやふやな根拠に基づき、あやふやな心で決定を下せば、必ず見当違いな結果になるだろう」という意味の言葉です。逆にいえば、情報収集してしっかりと準備を整え、疑問がない状態で下した判断はおおよそ正しいということになります。下調べを入念に行い、相手がいる場合はその考え方をしっかりと傾聴して分析・理解しないと、確信を持った適切な決断はできないのです。

知識

荀子は中国戦国時代の思想家で、「人間は本来悪である」という性悪説を唱え、「礼や義を学ぶことでこれを改めるべし」と説いています。徹底した現実主義者で、「人は本来、善である」とする孟子の性善説を批判しています。

ポジティブになんてなれない

明日もまた、
同じ日が来るだろう。
幸福は一生、来ないのだ。
それはわかっている。

作家
太《だ》宰《ざい》治《おさむ》『女生徒』より

短い苛烈な生涯で今なお人気が高い太宰治。「幸福は一生、来ない」というのは、彼らしい苦悩に満ちた表現ですが、そのあとに「けれども、きっと来る、あすは来る、と信じて寝るのがいいのでしょう」と続きます。つらい日々が繰り返されると「幸福なんて一生やってこない」と考えてしまいますが、それでも明日はやってきます。明日はいいことがあると信じて、さっさと寝てしまいましょう。

名言

「前進しないものは後退していく。」

ゲーテ（ドイツの詩人、劇作家、自然科学者）

安定した生活を捨てられない

しがみつくことで
強くなれると
考える者もいる。
しかし時には
手放すことで
強くなれるのだ。

ヘルマン・ヘッセ

ドイツの作家（ノーベル文学賞）

『車輪の下』『デミアン』などの作品を残し、ノーベル文学賞も受賞したヘルマン・ヘッセの言葉です。「会社を辞めたいけど、辞めたら先々が不安。我慢すれば、そのうち何とかなるだろう」と考える人もいますが、思いきって辞めることで新たな道が開かれる場合もあります。耐えるのも大事ですが、今の生活が自分にとって本当に必要なのか。その“執着”は意味があるのか、一度考えてみましょう。

名言

「死と同じように避けられないものがある。それは生きることだ。」

チャールズ・チャップリン（イギリスの喜劇俳優、映画監督）／『ライムライト』

いつまでつらい状況が続くのか！

夜明け前が一番暗い。

イギリスのことわざ

「苦難の期間は、終わりかけの時期がもっとも苦しい」という意味のことわざです。困難に直面して先が見えない状況が続くと、「いつになったら終わるんだろう」という不安に見舞われます。しかし、「夜明け前が一番暗い」と考えることで、少し希望を持つことができます。困難が続く状況は誰にでも訪れるものですが、つらいことの後には必ずいいことがあると自分に言い聞かせ、朝を待ってみましょう。

名言

「船は港に泊まっていれば安全である。
しかし、それでは船の用をなさない。」

ウィリアム・シェッド（アメリカの宗教学者）

完璧を目指すから苦しいんだ

百かゼロか
じゃなくて、
五十くらいに
着地しても
いいよね。

歌人
俵《たわら》万《ま》智《ち》

『文藝別冊総特集 俵万智』（河出書房）

何でもかんでもゼロか100かでとらえる「ゼロサム思考」を、“潔い”と考える人もいるでしょう。ただ、自分の考えを貫くことは大事ですが、極端な二者択一が行き過ぎると自分の視野が狭まり、うまくやっていくことに困難が生じる可能性も。現実には白でも黒でもない灰色の選択もあるのですから、歌人の俵万智さんが説くように、ときには50ぐらいで着地することも必要なのです。

名言

「人生で何よりも難しいのは、嘘をつかずに生きることだ。そして、自分自身の嘘を信じないことだ。」

フョードル・ドストエフスキー（ロシアの作家、思想家）／『悪霊』

いつも最悪を想像しては
不安にかられている

心配しても始まらないことは、心配しないほうがよい。

作家、詩人
武者小路《むしゃのこうじ》実篤《さねあつ》

仕事や将来のことを考えると心配で夜も眠れない人、まだ起こってもいないことを想像して心配する人がいます。しかし、どうにもならないことを考えても仕方がないもの。不安に思うあまり行動をためらい、引っ込み思案になっては何も始まらないので、それだったら心配しないほうが利口なのだと、作家の武者小路実篤は説いています。「人生なるようになるさ」ぐらいおおらかに生きたいものです。

名言

「出る杭は打たれるが、出すぎた杭は誰も打てない。出ない杭、出ようとしない杭は、居心地はよいが、そのうちに腐る。」

堀場雅夫（堀場製作所創業者）

今の状況に満足してもよいのだろうか？

花は
その花弁の
すべてを失って
果実を見いだす。

インドの詩人（ノーベル文学賞）

ラビンドラナート・タゴール

アジア人で初めてノーベル文学賞を受賞した、インドの詩人タゴールの言葉です。私たちは美しい花びら（花弁）にばかり目が行きがちですが、肝心の果実は花びらが散ってから実るもの。しかし、花という美しい「今」に固執しすぎると、次のビジョン（果実）が見えにくくなってしまいます。美しいのもよいですが、次への移行もきちんと念頭に入れておくことも大事です。

知識

タゴールは5度にわたって日本を訪れ、岡倉天心らと親交を深めています。ただし、日本の軍事行動については、「西欧文明に毒された行動」「日本の伝統美の感覚を自ら壊している」と厳しく批判しています。

やり直す勇気が持てない

人生のリセットは何度でもできる。でも自分でないとできない。

作家
林真理子

『野心のすすめ』林真理子（講談社）

作家の林真理子さんの自叙伝的エッセイ『野心のすすめ』に出てくる一文です。うまくいかないことが続いたり、自分らしくない状況が続くと、自分自身を一度「リセット」したいという衝動にかられませんか？　人生は何度でもやり直せますが、それは自分で決めて行うべきものです。ほかの人や出来事のせいにすると、何度リセットしても同じことの繰り返しなので、必ず自分で決断しましょう。

名言

「人は食べるために生きるのではない。生きるために食べるのである。」

ソクラテス（古代ギリシアの哲学者）

思い出を振り返っては落ち込む

それは良き日々だった。それは良き日々として、今もある。

イギリスの作家
アガサ・クリスティ
『カーテン』より

「ミステリーの女王」と呼ばれたアガサ・クリスティの小説の一文です。現状がうまくいっていないと、昔のよかった思い出を懐かしんで哀しくなることがあります。実際、「昔はよかった」発言を無意識に口にしている人も多いですよね。しかし、過去は過去、今は今なのです。昔の素晴らしい日々をそれぞれの胸の中にしまいながら、未来をよくする努力をしていくべきなのです。

知識

1975年に刊行されたアガサ・クリスティの『カーテン』は、名探偵ポアロが登場する最後の作品で、刊行の翌年、クリスティは85歳で亡くなっています。この作品が実際に執筆されたのは1943年。名探偵ポアロの引退と自身の人生の幕引きを合わせたのかもしれません。

勝利の秘訣を教えてほしい

双六の上手といいし人に
その手だてを問い侍《はべ》りしかば、
「勝たんと打つべからず。
負けじと打つべきなり」

鎌倉・南北朝時代の随筆家
吉田兼好《けんこう》
『徒然草』より

吉田兼好が双六の名人に必勝法を聞いたところ、その名人は、勝とうとせず、負けないように打つことだという。つまり、一目でも負けるのが遅くなるように対応していければ、気づいたら勝っていたというわけ。この考えは、双六だけのことではなく、人間や国家を保つ道に通じるとも言っています。何かを実現させるために、まず失敗しない方法を考え、ひとつずつ乗り越える。発想の転換をしてみましょう。

名言

「この世界は食べ物に対する飢餓よりも、
愛や感謝に対する飢餓のほうが大きいのです。」

マザー・テレサ（カトリック教会の聖人、修道女、ノーベル平和賞）

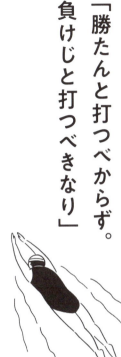

人一倍努力してるだけじゃだめだよ

辛《つら》いことは心を強くする…
楽しいことは心を豊かにする
きっとその両方が
人を成長させていくんだと思う

漫画家　**一色まこと**　漫画『ピアノの森』より

『ピアノの森』一色まこと（講談社）

ピアノコンクールの最中、悲惨な環境で育った一《いち》ノ《の》瀬《せ》海《かい》に対し、その師である阿《あ》字《じ》野《の》壮介《そうすけ》が言った言葉。人の成長について述べた同じような名言は数多くあります。つらい経験だけでも、楽しい経験だけでも、人間の成長には不完全。両方が揃ってこそ、人間の器は大きくなるのです。人一倍努力したことに満足していてはだめ。心を豊かにするような、楽しい体験もいっぱい重ねてください。

名言

「決断しないことは、しばしば間違った行動よりも悪い。」

ヘンリー・フォード（アメリカの実業家、フォード・モーター創設者）

日本一になるのに必要なことは？

体力、気力、努力

日本最初のオリンピック参加者
日本マラソンの父
金栗《かなくり》四《し》三《そう》
墓碑より

金栗四三は、当時のマラソン世界記録保持者でストックホルムオリンピックに出場しましたが、日射病で倒れて途中棄権しました。しかし、92歳まで長生きして日本マラソン界の発展に貢献しています。彼の墓碑に刻まれたのがこの言葉で、何かを成し遂げたいのであれば、心身の健康（体力）、初志貫徹の意志力（気力）、忍耐の継続（努力）が必須だと、今もメッセージを発し続けています。

名言

「人間に与えられた、最大の力は努力です。」

君原健二（元マラソン選手、五輪・銀メダリスト）

第3章

気分を鼓舞する

仕事に失敗したり、競争に敗れたり、なんとなくうまくいかなかったり……。原因はさまざまでも、誰しも落ち込むことはよくあること。人生の先輩たちも、自分自身に向けて、気持ちを奮い立たせるような言葉を数多く残しています。

目指したいのはパーフェクト?

完璧を恐れるな。完璧になんてなれっこないんだから。

スペインの画家
サルバドール・ダリ

シュールレアリスムの代表的な画家として知られるサルバドール・ダリの言葉です。画家や作家というのは完璧なものを追い求めているイメージがありますが、ダリは「完璧にはなれない」と断じています。完璧に執着するとわずかなミスでも落ち込み、失敗をおそれ、挑戦することを止めてしまいます。それならばつべこべ言わず、まずはやってみたほうがよいのだと、ダリは説いているのです。

名言

「人生は振り返らなければ理解できないが、前を向かなければ進んで行かない。」

キルケゴール（デンマークの哲学者、宗教思想家）

困難を乗り越える強さがほしい

さあ、進むのだ。
きみが出逢う困難は、
前進すればおのずと解決するだろう。
進め。そうすれば夜は明け、
きみの行く手に
光はますます明るく輝くだろう。

哲学者
ジャン・ル・ロン・ダランベール

『百科全書』の編纂に携わり、数学者や物理学者、哲学者として活躍したジャン・ル・ロン・ダランベールの言葉です。どんなに素晴らしい目的でも、実行しなければ達成には近づきません。もちろん失敗のリスクもありますが、それでも実行することで先が見えてきます。失敗しても、なぜ失敗したのかを分析することで次につながるからです。そういう意味では、失敗も立派な前進といえます。

名言

「本当に自信のある人間は泰然として、人が彼をどのように評価するか、などということにはあまり気をとられないものである。」

ヴォーヴナルグ（フランスのモラリスト）

逆境や悲しみに直面して苦しい

束縛があるからこそ、
私は飛べるのだ。
悲しみがあるからこそ、
私は高く舞い上がれるのだ。
逆境があるからこそ、
私は走れるのだ。
涙があるからこそ、
私は前に進めるのだ。

インドの独立運動家、弁護士
マハトマ・ガンジー
『遺言詩』より

インド独立の指導者ガンジーは、独立運動の過程でさまざまな逆境や困難に見舞われましたが、非暴力による不服従運動を展開して支持を得ていきました。逆境や悲しみに直面したとき、「何で自分だけがこんな目に」と感じる人もいますが、逆境にいるからこそ気づくこともあります。自分を成長させるエネルギーにもなるので、「前に進むために必要なもの」と前向きにとらえてはどうでしょうか。

知識

ガンジーはインド独立のための不服従運動を牽引《けんいん》したことで、何度も投獄されています。それでも彼は非暴力の思想を広く浸透させ、ノーベル平和賞の候補にもなりました。しかし、宗教の対立は解決できず、最期はヒンドゥー教の原理主義者に暗殺されました。

将来が不安で仕方ない……

一日だけ生きればいい。明日、明後日のことを考えるから面倒になる。

作家
水上勉

『飢餓海峡』『雁の寺』などの作品を残した作家・水上勉の言葉です。将来について考え、悩むことは悪いことではありませんが、とらわれすぎると不安に押しつぶされ、前に進めなくなってしまいます。先のことにとらわれがちな人は、まずは今日という1日を精一杯頑張ってみましょう。それを続けることで気持ちが前向きになり、将来に対する不安も、いつの間にか消えているかもしれません。

名言

「戦いは一日早ければ一日の利益がある。まず飛び出すことだ。思案はそれからでいい。」

高杉晋作（長州藩士）

トラブルが発生した！

恐れは逃げると倍になるが、立ち向かえば半分になる。

イギリスの政治家、軍人、作家、ノーベル文学賞受賞

ウィンストン・チャーチル

第二次世界大戦でヨーロッパの大半を制圧したナチスドイツは、ロンドンにも激しい空爆を仕掛けます。しかし、イギリスのチャーチル首相はこれに毅然と立ち向かい、大きな犠牲を払いながらもはね除けました。やりたくないことを後回しにすると、解決しないのは当然ですが、常に心に気にかかり、ますます逃げたくなります。問題が大きくなる前に対処することが、結局は解決の最短ルートなのです。

名言

**「“できるか”と聞かれたら、すぐに“もちろん”と答えること。
それから懸命にやり方を見つければいい。」**

セオドア・ルーズベルト（アメリカの第26代大統領）

嫌なことが多すぎて何もしたくない

心を開いて
「Yes」って言ってごらん。
すべてを肯定してみると
答えがみつかるもんだよ。

ミュージシャン　ジョン・レノン

ビートルズのメンバーで、「イマジン」など数多くの名曲を残したジョン・レノンの哲学的な言葉です。彼は「好きに生きたらいいんだよ。だって、君の人生なんだから」という言葉も残していますが、この2つの言葉からは、自分らしく生きることの大切さを感じ取ることができます。彼が残した言葉の多くはポジティブかつクリエイティブで、人生を豊かに過ごすためのヒントを与えてくれます。

名言

「失敗して、泥の中に転んだって、起き上がればいいだけである。恐れる必要など、どこにもない。」

ラルフ・ウォルドー・エマーソン（アメリカの思想家、作家、詩人）

我慢することが多くて爆発しそう

食いたければ食い、寝たければ寝る、怒るときは一生懸命に怒り、泣く時は絶体絶命に泣く。

作家、評論家、英文学者
夏目漱石 『吾輩は猫である』より

猫はたいがい自由に生きていますが、人間はそうもいきません。食べたくても我慢し、寝たくても眠れない、怒りや悲しみがあっても表に出せないなど、感情を抑制する場面が多いでしょう。しかし、たまには猫のように自由に生きることも大事。漱石は「自分に誠実でないものは、決して他人に誠実であり得ない」という言葉も残しています。自分に正直でありつつも、誠実に生きてみましょう。

名言

「昨日倒れたのなら、今日立ち上がればいい。」

ハーバート・ジョージ・ウェルズ（イギリスの作家、社会活動家、歴史家）

「努力は報われない」のがこの世の常だ

雨だれが石を穿《うが》つのは、激しく落ちるからではなく、何度も落ちるからだ。

古代ローマの哲学者
ティトゥス・ルクレティウス・カルス

「雨だれ」は「軒先などからしたたる雨」、「穿つ」は「穴を開ける」を意味します。「滴る雨でも石に穴を開けられるのは、長い年月にわたって滴り続けるからだ」と、ローマ共和政末期の詩人で哲学者のルクレティウスは述べています。どんなに微力でも、根気強く努力を重ねることで大きな目標も達成できます。「大きな力」を頼みにするのではなく、コツコツと努力することから始めてみましょう。

名言

「天は自ら助くる者を助く。」

サミュエル・スマイルズ（イギリスの作家、医師）／『自助論』（三笠書房）

また失敗して怒られた！

転んだらいつでも、何かを拾いなさい。

アメリカの医師
オズワルド・アベリー

医師で分子生物学者のオズワルド・アベリーは、「失敗しても、そこで何かを拾って自分の財産にすることで次の成長につながる」と説いています。失敗を恐れてチャレンジしない人もいますが、失敗しても何も学ばないのも考えものです。アベリーも、失敗の積み重ねから遺伝子の実体解明という革新的な発見をしています。転んでもただでは起きない、ふてぶてしさを身につけましょう。

名言

「長い間、海岸を見失うだけの覚悟がなければ、新大陸を発見することはできない。」

アンドレ・ジッド（フランスの作家、ノーベル文学賞）

またまたまた失敗して怒られた！！！

私は失敗したことがない。ただ、1万通りのうまくいかない方法を見つけただけだ。

アメリカの発明家
トーマス・アルバ・エジソン

発明王エジソンは、失敗に対して常にポジティブでした。失敗から次のステップが見えてくるので、成功と同じぐらい価値があると思っていたのです。私たちは失敗を悪いことととらえがちですが、発明王からすれば、失敗はあくまで「目標へ近づく近道」なのです。何度も試行錯誤するのはとてもつらいでしょうが、それを乗り越えてこそ新たな道が切り開かれるので、ちょっと前向きにとらえてみましょう。

知識

エジソンはさまざまな発明を行っていますが、その人生は試行錯誤の連続でした。白熱電球の開発では、長時間発光できるフィラメントの素材を見つけるために、2000回以上も試行を繰り返したといわれています。

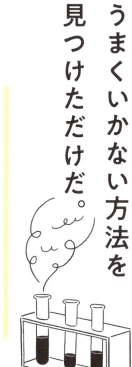

自分の選択、間違ってないかな？

入試 就職 結婚
みんなギャンブル
みたいなもんだろ！
人生すべて博打《ばくち》だぞ！

漫画家
秋本治
漫画『こちら葛飾区亀有公園前派出所』より

漫画『こちら葛飾区亀有公園前派出所』60巻（「特別勤務を命ず！の巻」）秋本治（集英社）

漫画『こちら葛飾区亀有公園前派出所』の主人公・両津勘吉のセリフです。入社してからどんな仕事環境で、どういう人たちと働くのかはすべてわかるものではありません。同様に、結婚も相手のことをすべてわかっているわけではないので、どうしても不安はつきまといます。両さんの言葉はちょっと乱暴かもしれませんが、いつまで経っても踏み切れないあたなの背中を押してくれるはず。

名言

「不可能だと思わない限り、人間に限界はない。」

デール・カーネギー（アメリカの教育者、自己啓発作家）

自己嫌悪で眠れない……

それはあまり
たいした問題じゃない。
私はいつもこの
「それはたいした問題じゃない」
という哲学を持ってきた。

アメリカの芸術家
アンディ・ウォーホル

小さなことにとらわれ、くよくよする人は多いもの。しかし、ポップアートの旗手とされる画家のアンディ・ウォーホルは、「たいした問題じゃない」で済ませることの大切さを説いています。彼は古典芸術やモダニズムとは一線を画した技法でアメリカ社会を反映したアートを創出しましたが、それができたのも、周囲からの批判を「たいした問題じゃない」と気にしなかったからなのかもしれません。

名言

「世の中で成功を収めるには、人から愛される徳とともに、人を恐れさせる欠点も必要である。」

ジョセフ・ジュベール（フランスのモラリスト、作家）

つらいのは自分だけじゃない

人をいたわれ。みんなも闘っている。相手を知りたかったらやることは1つ。よく見ること。

ブラウン先生のセリフ

映画「ワンダー　君は太陽」より

R.J.パラシオのベストセラーが原作の映画「ワンダー　君は太陽」で、主人公の担任・ブラウン先生が発したセリフです。余裕がなさすぎて周りが見られなくなってしまう人がいますが、大変なのは皆同じ。人にはそれぞれストーリーがあって、なかには自分よりも大変な人もいます。「自分だけがつらい」と考えるのではなく、どんな状況でも他人をいたわる心を持つことを目指しましょう。

名言

「時間の使い方がもっとも下手な者が、まずその短さについて苦情をいう。」

ラ・ブリュイエール（フランスのモラリスト、作家）

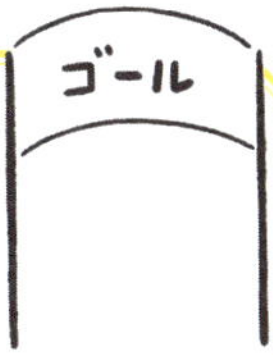

もう自分には未来がない……

もう終わりだと思うのも、
さあ始まりだと思うのも、
どちらも自分である。

イタリアの映画監督
フェデリコ・フェリーニ
映画「道」より

イタリアの映画監督フェデリコ・フェニーニの言葉で、何かトラブルがあったときに、それを終わりととらえるのか、始まりととらえるのか、それは自分しだいだということを示しています。「もう終わりだ」と考えるよりも、終わったからこそ「新たに始まる」と前向きに考えることで、停滞した思考が動き出します。どこをスタートととらえるかで、物語はいかようにもなるのです。

知識

フェデリコ・フェニーニは幻想的な映像を生み出したことから、「映像の魔術師」の異名をとりました。「道」「カビリアの夜」などで4度もアカデミー賞外国語映画賞を受賞したほか、1992年にはアカデミー名誉賞も受賞しています。

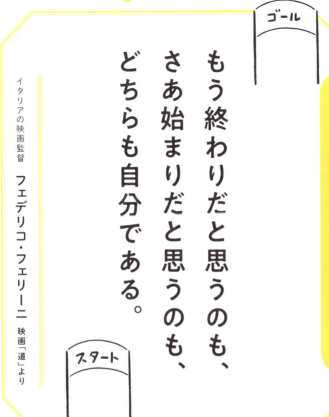

手に入れなきゃ、
絶対に幸せになれないの？

困らないんなら
きっといらないんだよ

漫画家
いがらしみきお
漫画『ぼのぼの』より

『ぼのぼの』いがらしみきお（竹書房）

新しい島ができたことを知り、家を建てようとしたぼのぼのとお父さん。しかし、満ち潮で島そのものがなくなりそうになる事態に。このとき、ぼのぼのがお父さんに向かって言ったのがこのセリフです。現代社会は、物や情報が何かと溢れかえる時代ですが、実は生きていくうえではなくても困らないものが大半なのです。なくても困らないのであれば、さっさと捨ててしまいましょう。

名言

「成績の悪い営業マンほど、売れない理由の説明がうまい。」

大前謙一（経営コンサルタント）／『大前語録』（小学館）

地面にうずくまりたい気分だ

人生の最大の栄光は決して転ばないことにあるのではなく、転ぶたびに起き上がり続けることである。

南アフリカの大統領
（ノーベル平和賞）、弁護士
ネルソン・マンデラ

かつて南アフリカでは白人政権の下で人種差別が横行していましたが、それに敢然と立ち向かったのがネルソン・マンデラです。彼は27年間の獄中生活を強いられますが、それでも屈せず、人種差別を撤廃へと導きました。転んだことにクヨクヨしている人は、マンデラのこの言葉をかみしめて。落ち込んでも、何度転んでもよいのです。まずは、とにかく起き上がることが大切です。

知識

1990年にマンデラが釈放されると、南アフリカでは人種差別を撤廃する動きが一気に進みます。そして1994年に全人種参加選挙が行われ、彼は大統領に就任しました。人種差別時代に広がった経済格差の是正などに取り組み、ノーベル平和賞も受賞しています。

目標、責任を考えると
重くて心が沈んでしまう

重いものをみんな棄《す》てると風のように歩けそうです。

詩人、彫刻家
高村光太郎
『人生』より

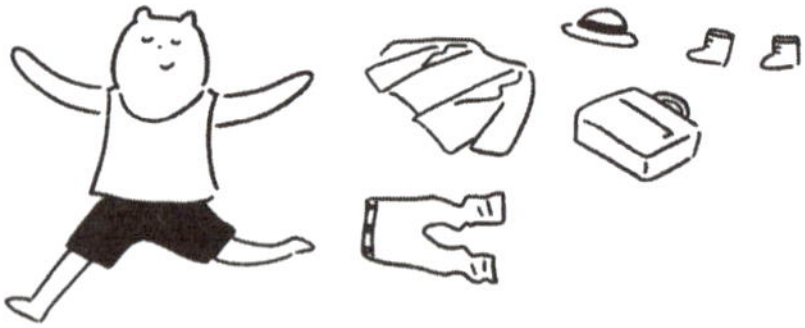

「断捨離」という言葉がありますが、捨てる対象は物とは限りません。人間関係や肩書き、責任、高すぎる目標などを捨てることで、道が開けることもあります。詩人で彫刻家の高村光太郎は父の期待を背負って海外留学しましたが、そこで芸術の自由に触れ、帰国後は教職を断って独自の芸術活動に身を投じました。重荷から解放されたことで、芸術家として名を残すことができたのです。

名言

「成果をあげる者は、新しい活動を始める前に必ず古い活動を捨てる。」

ピーター・ドラッカー（アメリカの経営学者）

ただいま、自己嫌悪中です

誰にも光と影がある。大事なのはどちらを選ぶかだ。人はそこで決まる。

イギリスの作家
J・K・ローリング
映画「ハリー・ポッターと不死鳥の騎士団」より

映画「ハリー・ポッターと不死鳥の騎士団」で、主人公ハリーの名付け親であるシリウス・ブラックが残した言葉です。完全な善人や悪人というのはこの世に存在せず、誰しも心の中に「善」と「悪」を抱えています。自分の中に「悪」があるのは当たり前のことなので、自己嫌悪に陥る必要はありません。「善」が濃い道を選ぶのか、「悪」が濃い道を選ぶのか。それによって人生は大きく変わっていくのです。

名言

「自分にできないと考えている間は、
本当はそれをやりたくないと心に決めているのだ。」

スピノザ（オランダ生まれのユダヤ人哲学者）

今の状況はずっと続くのか……

ある日の真実が、永遠の真実ではない。

キューバの革命家

チェ・ゲバラ

これは革命家のチェ・ゲバラが、同志に対してよく話していた言葉です。安定した暮らしは誰もが望むものですが、それがずっと続くとは限りません。もちろん逆に、今は不安定でも、いつかは改善されることもあります。ある日の正義が永遠の正義というわけではありません。「物事は永遠ではない」ということを頭の片隅に入れておくだけで、変化が生じたときの対応にも差が出てくるはずです。

名言

「釣れないときは、魚が考える時間を与えてくれたと思えばいい。」

アーネスト・ヘミングウェイ（アメリカの作家）

理性が邪魔して踏み出せない！

Don't think! Feel.

考えるな！感じろ

香港の武術家、俳優、脚本家、映画プロデューサー

ブルース・リー

映画「燃えよドラゴン」より

直訳すると「考えるな！　感じろ」ですが、原文のほうがよく知られている名言です。映画「燃えよドラゴン」の冒頭で、主演のブルース・リーが言ったセリフです。人間は考えることで正しい判断を論理的に導き出すことができますが、直観的なひらめきも軽視してはいけません。直観は今までの経験や学んできたことが瞬時に反映されるので、ひらめきが生まれるかどうかは日頃の「修行」にかかっています。

名言

「“闇があるから光がある”。そして闇から出てきた人こそ、いちばんほんとうに光の有り難さが分《わか》るんだ。」

小林多喜二（作家）

もうあきらめたほうが楽かも

たとえ明日世界が終わるとしても、私は今日、リンゴの木を植えるだろう。

ドイツの神学者、宗教改革者
マルティン・ルター

16世紀に起きた宗教改革の中心人物として活躍した、神学者マルティン・ルターの言葉です。リンゴはキリスト教世界では禁断の実とされており、「腐敗した教会に迫害されても、私はいつものように啓蒙活動を続けるだろう」という意味も込められています。明日終わりが来るとわかっていても、最後まであきらめずに今できることをすることが、物事を成し遂げる秘訣なのです。

名言

「アダムはリンゴが欲しかったから食べたのではなかった。禁じられていたからこそ食べたのだ。」

マーク・トウェイン（アメリカの作家）

大きな失敗をして後悔している

過ぎたことで
心を煩《わずら》わせるな。

フランスの軍人、政治家、皇帝
ナポレオン・ボナパルト

フランスの英雄ナポレオンはとにかく多忙で、1日3時間しか寝なかったといわれています。そんな彼だからこそ、過ぎ去ったことには気持ちを向けなかったのかもしれません。大きな失敗をすると、「こうすればよかった」という後悔の念が頭をよぎります。しかし、どんなに後悔したところで過ぎ去った時間は戻ってきません。それよりも次に向けての課題を見つけることに時間を使いましょう。

名言

「楽観主義者はドーナツを見、悲観主義者はドーナツの穴を見る。」

オスカー・ワイルド（アイルランド出身の作家）

正念場！がずっと続いている気がする

人生はすべての戦いに勝つ必要はない。自分にとって意味のある戦いに勝てばいい。

香港の俳優
ジャッキー・チェン

それほど重要ではないことにまで全力投球し、疲弊した挙げ句に大事な場面でつまずくなんてときがあります。何にでも一生懸命で正直なのはいいですが、ここぞという勝負のときを見極める目を持つことも大事。そこで自分の本領を発揮し、勝利を収めればよいのです。「自分にとって意味のある戦い」が何であるかを見極められるようにするには、普段は心に余裕を持つことが大切でしょう。

名言

「雑草とは何か？ それはその美点がまだ発見されていない植物である。」

ラルフ・ウォルドー・エマーソン（アメリカの思想家、作家、詩人）

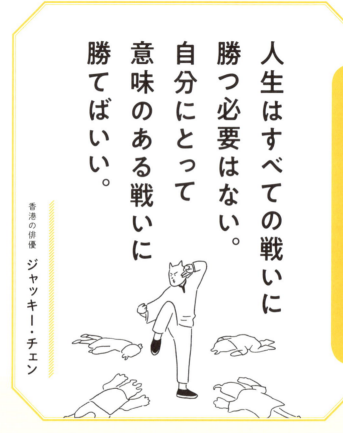

周囲の言葉が胸にグサッときた

本音を言わない人と付き合うくらいなら鳩といるほうがマシ！

お笑い芸人　いとうあさこ

『婦人公論』2014年4月22日号（中央公論新社）

同じお笑い芸人である大久保佳代子さんとの対談中の言葉。親しい相手でも、本音を言うのが苦手な人がいます。本音でぶつかると傷つくこともありますが、それを恐れていては、いつまで経っても仲は深まっていきません。やがて「鳩といるほうがマシ」と愛想を尽かされる可能性もあります。ときには自分の意思や考えをはっきりと伝えることが、人間関係をよりよくするためには必要不可欠なのです。

名言

「失ったものを数えるな、残されたものを最大限に活かせ。」

ルートヴィヒ・グットマン（ドイツの神経医学者、パラリンピック創始者）

今の環境を失うことが怖い

自分もいつかは死ぬ。それを思い出すことは、失うものなど何もないということを気づかせてくれる最善の方法です。

アメリカの実業家、アップル社の共同設立者

スティーブ・ジョブズ

人はいつか死にますが、死出の旅路に持っていけるものは何もありません。財産も豪邸も、立派な肩書きも、死んでしまったら吹き飛んでしまいます。そういう意味では、人間は何も持っていないのと同じなのだと、アップル社の共同設立者であるスティーブ・ジョブズは述べています。がんに冒され死を身近なものに感じたジョブズ。失うものがないのだとしたら、何でもできるのではありませんか？

名言

「シンプルであることは、複雑であることよりも難しいときがある。」

スティーブ・ジョブズ（アメリカの実業家、アップル社の共同設立者）

人をあてにしていたら痛い目にあった

自分で薪《まき》を割れ、二重に温まる。

アメリカの実業家、フォード・モーター創設者

ヘンリー・フォード

自動車産業で身を起こし、一代で世界屈指の大富豪に上り詰めたヘンリー・フォードが、自宅の応接間に掲げていた言葉です。彼は「フォード式」と呼ばれる効率的な製造方式を導入しましたが、自身のライフスタイルも能率的でした。自分で薪を割れば体が鍛えられて温まり、割った薪を燃やすことで部屋も温まる。まさに一石二鳥。人をあてにして落ち込むなら、自分でやればいいのです。

名言

「人生の半分はトラブルで、残りの半分はそれを乗り越えるためにある。」

リンゼイ・アンダーソン（イギリスの映画監督）／『八月の鯨』

なんで大凶……頭にきたぞ!

今日なんか
クソくらえ。
明日が勝負さ。

イギリスのミュージシャン、
クイーンのボーカル

フレディ・マーキュリー

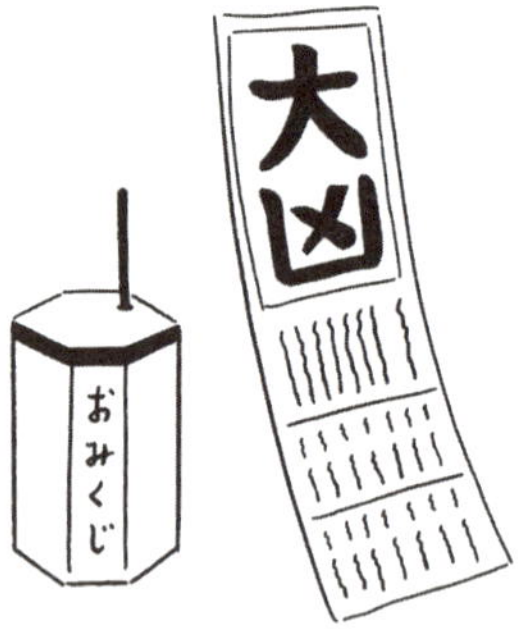

イギリスのロックバンド・クイーンのボーカルとして活躍し、死後30年近く経った今でも世界中にファンを持つフレディの言葉。ライブでの型破りなパフォーマンスで知られ、繊細で思いやりがある半面、わがままという相反した性格の持ち主だったとも。うまくいかないことがあっても、彼は落ち込む前に"クソくらえ"という怒りに変えて自分を鼓舞したのかも。負の感情はときに原動力になります。

名言

「わが身の不幸を簡単に嘆くな。」

堀江貴文(実業家、投資家、タレント)/『0311再起動』堀江貴文(徳間書店)

気づいたら瀬戸際に追い込まれてた！

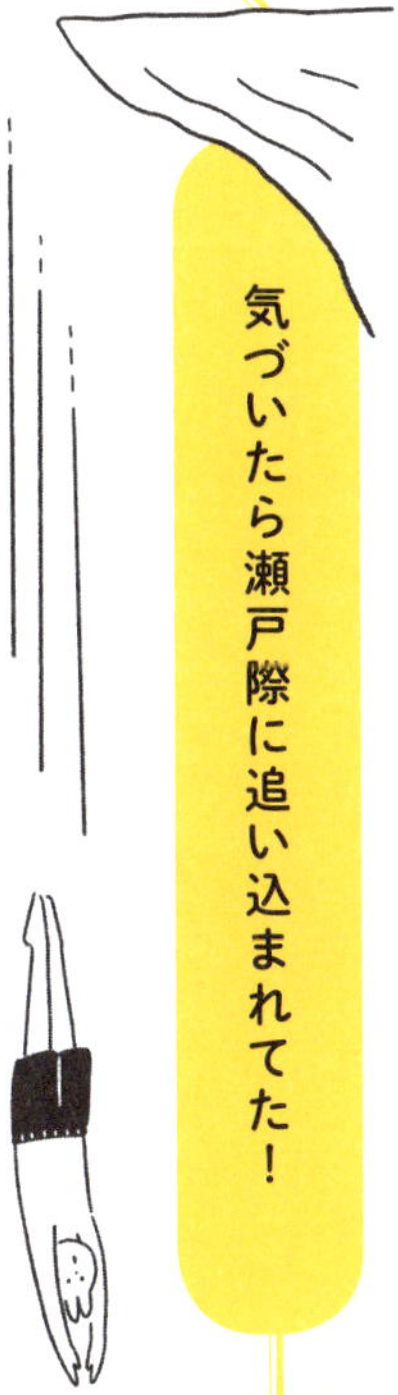

崖《がけ》っぷち ありがとう！ 最高だ！

元プロテニスプレーヤー

松岡修造

『松岡修造の人生を強く生きる83の言葉』松岡修造（アスコム）

人はピンチに立たされたときほど真剣になり、自分の予想を超える力が発揮できます。“崖っぷち”は、自分を成長させるチャンスでもあるのです。そう考えれば、ピンチの場面でも勇気が湧いてくるはず。松岡修造さんは、あえて小さな崖っぷちを意識的につくることで、常に自分を高めています。ときには崖から落ちることもあるけれど、その悔しさを次に活かしてバネにすればいいのです。

名言

「すべてが失われようとも、未来はまだ残っている」

クリスチャン・ボヴィー（アメリカの作家、弁護士）

夢なんてないなぁ

永遠の命が
あるつもりで夢を抱き、
今日限りの命と
思いながら生きろ。

アメリカの俳優

ジェームス・ディーン

ジェームズ・ディーンは映画「理由なき反抗」の演技で若者たちを魅了し、初の主演作「エデンの東」でアカデミー賞主演男優賞にノミネートされるなど将来を嘱望されましたが、24歳の若さで交通事故死します。夢や目標がなかなか見つけられない人は多いでしょう。しかし、命には限りがあります。それを自覚したとき、心に浮かぶものは何ですか？　それが、今あなたが大切にすべきものといえます。

名言

「勝負は負けたときから始まる。弱さを知ったとき、己の成長が始まるんだ。人並みにやっていたら、人並みにしかならない。」

神永昭夫（柔道家、五輪・銀メダリスト）

なりふりかまっていられない！

むちゃをすることは勇気ではないぞ

原作漫画：尼子騒兵衛

山田伝蔵のセリフ

アニメ「忍たま乱太郎」より

アニメ「忍たま乱太郎」（原作は漫画『落第忍者乱太郎』）の山田伝蔵のセリフ。伝蔵は忍術学園のベテラン教師で、生徒たちに厳しく接していますが、その言動は愛情あってのものなのです。物事を成し遂げるには勇気が必要ですが、焦るあまりにそれが無茶・無謀になっていませんか？　冷静さを欠けば、その勇気は単なる猪突猛進なだけ。勇気の使いどころを知りましょう。

名言

「転んだ人を笑うな、彼らは歩こうとしていたんだ。」

米倉誠一郎（経営学者）

困難を予期するな。決して起こらないかも知れぬことに心を悩ますな。常に心に太陽を持て。

アメリカの政治家、外交官、著述家（建国の父）

ベンジャミン・フランクリン

ヘマしたらどうしよう……

アメリカ独立宣言の起草にかかわり、科学者としても活躍したベンジャミン・フランクリンの言葉です。将来に向けてのリスク対策は大切ですが、起こるかもしれないけど起こらないかもしれないことを意識しすぎると、何もできなくなってしまいます。これではいつまで経っても前に進むことができないので、やれない理由を探して心を悩ませるのではなく、ときには猪突猛進もいいかもしれませんね。

名言

「どうして自分を責めるのですか？　他人が必要なときにきちんと責めてくれるんだから、いいじゃないですか。」

アルバート・アインシュタイン（ドイツ生まれの理論物理学者）

地道に頑張ってるつもりなのに……

歩け、歩け。
続けることの大切さ。

江戸時代の測量家、商人
伊《い》能《のう》忠《ただ》敬《たか》

江戸時代に日本地図を作成した伊能忠敬。55歳から測量のために17年かけて日本列島を歩き回ったからこそ、言葉に重みや説得力があります。旅の道中は病気になったり、測量先で役人とトラブルになるなど困難続きでした。それでも最後まであきらめず測量を続け、彼の死から3年を経て地図が完成しました。あなたの地道な頑張りはまだまだ足りないかもしれません。歩け、歩け、ひたすら歩け！

知識

日本地図の作成者として知られる伊能忠敬ですが、49歳までは佐原（現在の千葉県香取市）で事業家として活動していました。隠居後、50歳で江戸に出て19歳年下の幕府天文方・高橋至時に弟子入りし、天文学や測量学を学びました。

気のきいた話ができない

たいていのものは
すぐに笑いの種に
することができる。

アメリカの喜劇役者
バスター・キートン

バスター・キートンはチャップリン、ハロルド・ロイドと共に「世界の三大喜劇王」と呼ばれたアメリカの喜劇俳優です。彼は何でも「笑いの種」に変える鋭い観察力の持ち主で、スターダムにのし上がる原動力にもなりました。何もない状況から何かに気づくことは、仕事で大成するうえでも必要な能力。日頃からいろんなものや人を見て、触れることで観察力を鍛え、アイデアを生み出す力にしましょう。

名言

「のんきと見える人々も、心の底をたたいてみると、どこか悲しい音がする。」

夏目漱石（作家、評論家、英文学者）／『吾輩は猫である』

あのときの栄光が忘れられない

忘却はよりよき前進を生む。

ドイツの哲学者
フリードリヒ・ニーチェ

ドイツの哲学者ニーチェの言葉で、恋愛映画「エターナル・サンシャイン」でも引用されています。輝かしい過去、あるいは悪い思い出があるほど、人はその記憶を引きずり、前に進めないことがあります。今が幸せならどんな過去でも前進の邪魔にはなりません。現状に不満があるから、過去の感情に引っ張られるのです。一度、すべてを忘れて頭をリセットすれば、新しい道が生まれるかもしれません。

知識

ニーチェは著書『ツァラトゥストラはこう語った』で、「神なき世」をいかに生きるかについて述べています。これは伝統的な信条や理性が失権した20世紀の課題を先取りしたとされており、多くの人々に影響を与えました。

でも、そこをなんとか……

ならぬことは ならぬものです

会津藩「什《じゅう》の掟《おきて》」

6歳から9歳の会津藩士の子どもたちは、「什《じゅう》」と呼ばれる十人前後で集まりをつくり、会津武士の子の心構え「什の掟」を学び、結束を固めました。この言葉は、その掟の締めの一文で、以上の決めごとを必ず守れという意味です。その内容は、年長を敬い、卑怯な振る舞いや嘘を禁じ、弱い者いじめを戒めるもの。「駄目なものは駄目！」というより、現代にも通じる正しい生き方を示した言葉なのです。

名言

「人間は、努力する限り、迷うものだ。」

ゲーテ（ドイツの詩人、劇作家、自然科学者）

一回、立ち止まったほうがいいのかな？

人生は自転車に乗るようなものだ。倒れないためには走り続けなければならない。

ドイツ生まれの理論物理学者
アルバート・アインシュタイン

相対性理論を提唱した理論物理学者のアインシュタインは、「動きを止めるとバランスを崩して倒れてしまう。だから走り続けなければならないのだ」と述べています。一見大変そうですが、自転車は走り続けると割と楽に進むことができます。すべてを投げ出して旅にでも出たくなるときもありますが、自転車のように一度乗りこなせるようになれば人生の軸も安定します。止まらず走っちゃうのも手です。

知識

幼少期のアインシュタインは話したり、言葉を理解するのが苦手な大人しい子でした。学校では興味がない分野では授業にすら出席しませんでしたが、興味がある分野ではずば抜けてよい成績を残しました。

人生、どん底だ

「これがどん底だ」などと言っていられる間は、どん底にはなっていないのだ。

イギリスの劇作家、翻訳家、詩人

ウィリアム・シェイクスピア 『リア王』より

『リア王』ウィリアム・シェイクスピア（岩波書店）

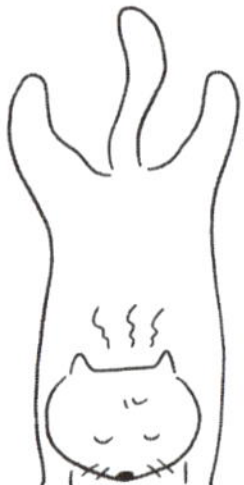

四大悲劇のひとつ『リア王』には、リア王をはじめさまざまな“どん底”の人々が登場し、「自分でどん底だと言えるうちは、まだどん底にはいない」という言葉が発せられます。そして、「本当のどん底まで落ちれば、残るのは希望だけ。どん底を極めれば笑いに還るだけ」という結論に至ります。どん底でも気持ちを切り替えることで人生が好転する可能性も十分にあり得ます。

名言

「人間というものは、不幸のどんぞこにいる時でも、たいそう見えをはることがあるものです」

ハンス・クリスチャン・アンデルセン（デンマークの童話作家）／『絵のない絵本』（岩波書店）

神童も二十歳すぎればただの人

未来や過去に
束縛される生き方は
自然じゃないさ
肝心なのは今なのさ

漫画家 **さくらももこ**

漫画『ちびまる子ちゃん』より

『ちびまる子ちゃん』集英社りぼんマスコットコミックス第8巻「まる子、ノストラダムスの予言を気にする」より

漫画『ちびまる子ちゃん』のキザなお金持ちキャラ・花輪クンのセリフです。自分のやりたいように生きるのは、責任やお金などさまざまな問題からなかなか難しいものです。しかし、将来のために自分のやりたいことを控えたり、先例にとらわれすぎて行動を制限したりしていたら、人生は楽しくありません。明日の未来は自分でつくるものなので、もっとしばられない生き方を目指してみましょう。

名言

「もし翼を持たずに生まれて来たのなら、
翼を生やすためにどんな障害も乗り越えなさい。」

ココ・シャネル（フランスのファッションデザイナー）

不幸というのにも飽きてきた

不倖なんてものは
お天気次第で
どうにでもなるよ。

作家

室《むろ》生《う》犀《さい》星《せい》

『杏っ子』より

室生犀星の自伝的小説『杏っ子』で、不幸な結婚生活を終わらせようとする娘に対して父親が放った言葉です。人の幸不幸は天気と同じ。雨がやんで晴れの日が訪れるように、不幸な境遇もいつかはよくなります。ずっと不幸であり続けるということはないのです。今の状況がよくなくても、「いつかは晴れの日がやってくる」と信じるだけでも、心の負担が軽くなるはずです。

名言

「人生は学校である。そこでは幸福より不幸のほうがよい教師である。」

フリーチェ（ロシアの文学者）

初心忘れるべからず

室町時代初期の猿楽師

世《ぜ》阿《あ》弥《み》

『花《か》鏡《きょう》』より

いや自分はもうベテランですから

「最初の志を忘れるな」という意味で使われる、能を大成させた世阿弥の言葉です。ただ、世阿弥がいう「初心」は、“未熟な頃”というニュアンスのようです。『花鏡』には、「是非の初心」「時々の初心」「老後の初心」とあります。未熟（初心）なのは若い頃だけではなく、人生の時々、老後になっても人は未熟さを持つというわけ。つまり、ベテランになってもおごってはいけないという戒めの言葉なのです。

名言

「失敗したところでやめてしまうから失敗になる。
成功するところまで続ければ、それは成功になる。」

松下幸之助（パナソニック創業者、発明家、著述家）

第4章

頑張りを応援する

やる気いっぱいで夢に向かって突き進んでも、ときには弱気になったり、壁にぶつかったりするもの。先人の言葉には、傷ついたあなたの心を癒やし、励ますだけでなく、解決のヒントが詰まっているものも。そっと、あなたの背中を押してくれるはず。

この苦しみから得るものはない！

苦しみの報酬は経験である。

古代ギリシアの詩人
アイスキュロス『アガメムノン』より

私たちは仕事や人生で苦しい思いをすることがありますが、これを骨折り損にするのはもったいないことです。アテネの三大悲劇詩人のひとりであるアイスキュロスの「苦しみの報酬は経験である」という言葉は、「苦しんだ経験は自分の血肉となり、次への糧になる」とも解釈できます。また、「次につながる」と自分に言い聞かせることで、気持ちを切り替えることにもなります。

名言

「大いなる苦悩なくしては、いかなる完成せる才能もあり得ない。」

レオナルド・ダ・ヴィンチ（イタリア・ルネサンスの芸術家、科学者）

つい「無理だな」って思っちゃう

他人から「できますか？」
と聞かれたら、とりあえず
「できます」と答えちゃうんだよ、
その後で
頭が痛くなるくらい考え抜けば
大抵のことはできてしまう
ものなんだ。

特撮監督
円谷《つぶらや》英二

「特撮の神様」として知られる円谷英二氏は、「できますか？」と聞かれたら「できます」と答え、そこから頭が痛くなるほど考え、ゴジラやウルトラマンを世に生み出しました。何でもかんでも安請け合いするのはよくありませんが、だからといって安全圏で活動しているままでは永遠にステップアップできません。自分のキャパシティを広げたいのであれば、まずは「できます」と言ってみましょう。

名言

「人生の最大の喜びは、
あなたにはできない、と言われたことをすることだ。」

ウォルター・バジョット（イギリスのジャーナリスト）

やらなきゃいけない、
でもまだやってない……

大変な仕事だと思っても、まずは取りかかってしまいなさい。仕事に手をつけた、それで半分の仕事は終わったようなものです。

4世紀のローマの詩人、著述家
アウソニウス

ローマ帝政末期の詩人で著述家のアウソニウスが残した言葉です。面倒だったり、気が乗らない仕事はなかなか手がつかないもので、先送りして時間だけが過ぎ、締め切り間近になって苦労した経験がある人も少なくありません。しかし、少しでも取りかかっておけば気が楽になり、後の作業も進みやすくなります。まずはやってみることで先送りのクセをなくし、仕事の生産性を高めましょう。

名言

「言い訳が得意な者が、他のことが得意であることは滅多にない。」

ベンジャミン・フランクリン（アメリカの政治家・建国の父、外交官、著述家）

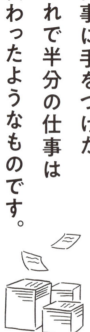

将来の夢なんて、もうないよ

ときに何もかも忘れて
夢を見ることは、
子供よりも
大人に必要だ。

作家
塩《しお》野《の》七《なな》生《み》

古代ローマの興亡を描いた『ローマ人の物語』の著者として知られる塩野七生さんの言葉です。将来の夢を見るのは子どもの専売特許と思われがちですが、実は大人こそ自分の将来の夢を見るべき。大人には、夢を実現させるために必要な能力や資金がすでに備わっていますし、何より心に潤いをもたらしてくれるでしょう。人間には、何歳になっても進化の可能性が秘められているのです。

名言

「日本人は三十の声を聞くと青春の時期が過ぎてしまったように云うけれど、熱情さえあれば人間は一生涯青春で居られる。」

永井荷風（作家）／『歓楽』

健康書を読むときは注意しなさい。ミスプリントのせいであなたは死ぬかもしれない。

アメリカの作家
マーク・トウェイン

ネット社会・情報化社会といわれる現代、知りたいことがあれば、さまざまな情報を簡単かつ瞬時に集められます。けれど、それらの情報は玉石混淆《ぎょくせきこんこう》。嘘や有害な情報も混ざっているので、自分の力で取捨選択が必要です。19世紀に活躍したマーク・トウェインも、情報を鵜《う》呑《の》みにする危険性を発しています。素直なのもいいですが、今は物事を疑ってみる目を持つことも大切なのです。

名言

「人は知ることが少なければ少ないほど、
知っていることが多いと思うものだ。」

ジャン・ジャック・ルソー（フランスの啓蒙思想家、哲学者、作家）／『学問芸術論』

努力しているのに結果が出ない……

才能とは、情熱を持続させる能力のこと。

アニメ監督　宮崎　駿《はやお》

「風の谷のナウシカ」や「もののけ姫」などの長編アニメーション作品を手がけ、「天才」とうたわれるスタジオジブリの宮崎駿監督。仕事に対しては誰よりも厳しく、心血を注いで作品を完成させました。才能に関する名言はたくさんありますが、監督は「情熱を持続させる能力」が才能であると説いています。才能の有無など気にせず、まずは情熱を注ぎ込めるものを探して、継続させましょう。

名言

「努力だ。勉強だ。それが天才だ。
だれよりも、三倍、四倍、五倍、勉強する者、それが天才だ。」

野口英世（細菌学者）／『野口英世』奥村鶴吉編（岩波書店）

これ以上のことをやれって?

報酬以上の仕事をしないという人は、仕事ぶりに応じて報酬が上がっていくということを忘れている。

アメリカの思想家、作家、教育者

エルバート・ハバード

セールスマンとして成功したあと、文筆家として活動したエルバート・ハバードの言葉です。「給料以上の仕事はしたくない」などというスタンスもありますが、報酬は仕事ぶりに応じて上がっていくことを忘れていないでしょうか?　現状維持でOKなら報酬並みの仕事でもかまいませんが、キャリアアップを狙うなら、常に報酬以上のパフォーマンスをする意識を持ったほうが得策です。

名言

「すぐやる、必ずやる、できるまでやる。」

永守重信（日本電産創業者）

好きな仕事以外、したくない！

興味があるからやる
というよりは、
やるから
興味ができる場合が
どうも多いようである。

物理学者、随筆家、俳人
寺田寅彦《とらひこ》

「天災は忘れた頃にやってくる」の言葉で有名な科学者・寺田寅彦の言葉です。最初は興味がなかったけど、続けるうちに興味がわいてきたという事例はたくさんあります。苦手だから、興味がないからやらないという「食わず嫌い」では、いつまで経っても自分の視野は広がりません。チャレンジすることで苦手意識がなくなることもあるので、まずはやってみることが大事です。

知識

寺田寅彦は科学者でありながら文学者でもあり、優れた随筆作品を残しています。夏目漱石の門下生で、『吾輩は猫である』に登場する理学者の水島寒月《かんげつ》は、寺田がモデルだったとされています。

チャンスはいつくる？
今でしょう！

まず何よりも、
変化を脅威ではなく
機会として
とらえなければならない。

アメリカの経営学者
ピーター・ドラッカー

現代経営学やマネジメントの発明者であるピーター・ドラッカーの、変化を前向きにとらえることの重要性を説いた言葉です。現代のビジネス界では常に変化が渦巻いていますが、変わることでリスクが生じるのをおそれて旧来のやり方に固執していたら、やがて取り残されてしまいます。変化こそをチャンスととらえ、尻込みせず、自分の手で未来をつくることが大事なのです。

名言

「大きく行き詰まれば、大きく道が開ける。」

出光佐三（出光興産創業者）／「九十歳でもゴルフはできる」（『文藝春秋』1975年8月）

失敗が恐くて何もできない

失敗は肥料のようなものだ。それは確かに悪臭を放つが、将来的には物事がより早く育つようになる。

アメリカのモチベーショナルスピーカー
デニス・ウェイトリー

アメリカの人間行動学博士のデニス・ウェイトリーが残した言葉。昔の肥料は臭いがきつく、近寄ると不愉快な気分になったようですが、肥料をまくことで作物の育ちはよくなります。これはビジネス界も同様で、苦労を避けてばかりだと、あとで厳しい状況に直面したときに対応できなくなってしまいます。若い頃の苦労は将来きっと役に立つので、困難に立ち向かう勇気を持つことが大切です。

名言

「困れ。困らなければ何もできない。」

本田宗一郎（ホンダの創業者）

好きな仕事で、
飯を食っていけるのか……

「好きの力」を信じる。

漫画家
水木しげる

『水木サンの幸福論』水木しげる（KADOKAWA）

『ゲゲゲの鬼太郎』などで知られる漫画家・水木しげるさんが設立した「幸福観察学会」が提示した、「幸せになるための七カ条」の第4条です。彼は35歳で漫画家デビューしましたが、最初は作品が評価されませんでした。しかし、「好き」の力を信じて人気漫画家になることができました。人気者になっても妖怪研究に励んだり、90歳を過ぎても新作を発表したり、亡くなるまで漫画を愛し続けました。

名言

「待つことを知る者には、万事が適当なときにくる。」

フランスのことわざ

夢中になると視野が狭くなってしまう

**どこか遠くへ行きなさい。
仕事が小さく見えてきて、
もっと全体が
よく眺められるようになります。
不調和やアンバランスが
もっとよく見えてきます。**

イタリア・ルネサンスの
芸術家、科学者
レオナルド・ダ・ヴィンチ

人類史上もっとも多才な人物といわれるレオナルド・ダ・ヴィンチの言葉です。「木を見て森を見ず」という言葉がありますが、全体が見えていないと、それぞれの工程の細かい部分が見えてきません。仕事が思うように進まないときは、いったん外から工程全体を見るようにしましょう。不調和やアンバランスな部分が発見できて、仕事の完成度がさらに高まるはずです。

名言

「われ反抗す、ゆえにわれら在り。」

アルベール・カミュ（フランスの作家）／『ペスト』

人間関係に疲れた

目標を達成するためには、
人間対人間の
うじうじした関係に
沈み込んでいたら
物事は進まない。
そういうものを振り切って、
前に進む。

幕末・明治の政治家
大久保利通《としみち》

強力なリーダーシップを発揮して明治政府を牽引した大久保利通。近代国家を建設する彼の前に立ちはだかったのが、旧来のしがらみや人間関係です。盟友・西郷隆盛とも対立し、西南戦争に発展。西郷の死を知ってなお、大久保は毅然と前に進み続けました。人間関係を円満になどと思っていると、なかなか前に進めないこともありますから、ときには非情になることも大切です。

名言

「事を行うにあたって、いつから始めようか、などと考えているときには、すでに後れをとっているのである。」

マルクス・ファビウス・クインティリアヌス（古代ローマの雄弁家、修辞学者）

地道な努力って、やっぱり必要ですか？

ピラミッドは頂上から作られはしない。

フランスの作家（ノーベル文学賞）
ロマン・ロラン『ジャン・クリストフ』より

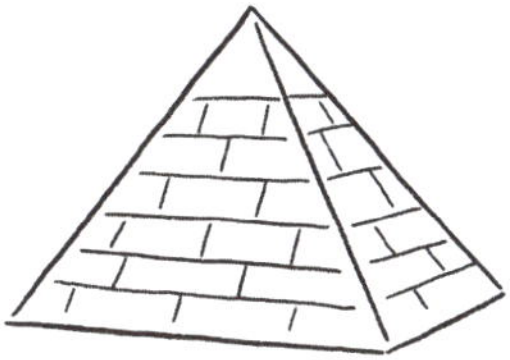

エジプトの巨大なピラミッドが頂上からつくられた可能性は、まずありえません。作家のロマン・ロランは、土台を固めることの大切さをピラミッド建設にたとえて表現しています。ピラミッドは土台がしっかりしていたおかげで現代までその姿をとどめています。それは他でも同じ。基礎をしっかりと固めることで、次へのステップを積み上げることができるのです。完成や成功への近道はないのです！

名言

「ここを渡れば人間世界の悲惨、渡らなければわが破滅。さあ進もう、神々の待つところへ、卑劣な敵が呼んでいるところへ。賽《さい》は投げられた。」

ユリウス・カエサル（古代ローマの軍人、政治家）

恥ずかしいこと、してしまった

大いなる
若気のいたりが、
個性の芽を育てる。

ホンダの創業者

本田宗一郎

本田技研工業（ホンダ）の創業者である本田宗一郎は、創意工夫を愛した技術者でもありました。彼は若手のアイデアや熱意を尊重し、自由にやらせることでポテンシャルを引き出しました。ある程度の行き過ぎや間違いがあっても、それが正しいと信じた行動であれば、「若気の至り」として許しました。若いときの苦い経験も、未来の糧となるので、萎縮せずに思い切って行動しましょう。

名言

「いかなる犠牲、いかなる危険を伴おうとも、すべての危険の中でもっとも大きな危険は、何もしないということである。」

ジョン・F・ケネディ（アメリカの第35代大統領）

う〜ん、執着しすぎなのかな……

明確な目標を定めたあとは執念だ。ひらめきも執念から生まれる。

日清食品創業者
安藤百《もも》福《ふく》

即席ラーメンの生みの親である安藤百福は、偉大なる発明者でもありました。早朝5時から夜中の1〜2時まで開発に没頭しましたが、そのほとんどは失敗の繰り返し。しかし、それでも執念で頑張り続けたことで、食の大革命を成し遂げたのです。“執念深い性格”というとあまりよい印象がありませんが、仕事での執念なら別。いつもより少しだけ執念を発揮して粘れば、評価は上がるはずです。

名言

「順調なときほど危機が訪れる。」

安藤百福（日清食品創業者）

私の目的って何だったっけ？

成功の鍵は、
的を見失わないことだ。
自分が最も力を発揮できる
範囲を見極め、
そこに時間とエネルギーを
集中することである。

アメリカの実業家、
マイクロソフト創業者
ビル・ゲイツ

マイクロソフトの創業者であるビル・ゲイツの、自身の成功の秘訣について語った言葉です。自分がもっとも力を発揮できるものが何なのかを見定め、そこに時間とエネルギーを集中させることが大事なのですが、そのためには大きなビジョンをきちんと持っておく必要があります。本来、自分のすべきことはが何か。あれもこれもと思う前に、まず何をしたらよいか、焦点を絞ったうえで行動しましょう。

名言

「何かにつけて憤怒を抱くうちは、自己を制御していない。
すべての悪に対しては、平静な抵抗が最高の勝利をおさめる。」

カール・ヒルティ（スイスの哲学者、法学者）／『眠られぬ夜のために』

次の一手が思いつかない

見えないと始まらない。見ようとしないと始まらない。

イタリアの物理学者、天文学者、哲学者

ガリレオ・ガリレイ

物理学者のガリレオ・ガリレイは木星の衛星や振り子の等時性などを発見しましたが、その原動力になったのが底なしの探究心です。ただ目に何かが映るのを待っていても新しい発見はありません。意識して見ようとすること。つまり新しいことにチャレンジしたり、知識を吸収したり、原因を解明したりすることが、発見の第一歩なのです。好奇心さえ発揮すれば、見えなかったものが見えてきます。

名言

「道を歩きつまずくは常なり。いささか心を労するに及ばず。」

（人は必ずつまずく生き物である。だがそれはごく普通のことだ）

毛《もう》利《り》元就《もとなり》（戦国武将）

叶わない夢ってあるよね？

夢を求め続ける勇気さえあれば、すべての夢は必ず実現できる。

アメリカのアニメ監督

ウォルト・ディズニー

ウォルト・ディズニーはアニメ監督として大成功を収めましたが、そこにたどり着くまでには苦難の連続でした。個人事務所を設立して最初のアニメ作品を手がけたものの倒産。ハリウッドで復活して急成長を遂げますが、映画会社とのトラブルで再び倒産寸前まで追い込まれます。しかし、人気キャラクターを次々と生み出して再建を果たし、テーマパークを完成。夢を求め続けて実現させたのです。

名言

「結局、人は狙ったものしか射止めることができない。」

ヘンリー・デイヴィッド・ソロー（アメリカの作家、思想家、詩人、博物学者）

ただ今、伸び悩み中

背伸びして
視野をひろげているうち、
背が伸びて
しまうこともあり得る。
それが人生の面白さである。

作家
城山三郎

経済小説の開拓者として知られる城山三郎氏の言葉です。「身の丈に合った」という言葉がありますが、目標は低すぎても成長にはつながりません。逆に理想があまりに高すぎるとあきらめてしまいます。「少し頑張れば到達できる、背伸びするぐらいの目標がちょうどいい」と彼は説いています。さらにそれを繰り返すことで、自分でも信じられないぐらいの高みに到達していることもあるのです。

名言

「まずは目の前のボールだけ集中する。
一瞬一瞬、自分にやれることをやろうと考えて。」

錦織 圭（プロテニス選手）

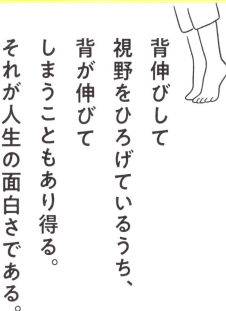

“自分流”を貫くのはわがまま？

やり方は三つしかない。正しいやり方。間違ったやり方。俺のやり方だ。

アメリカの映画監督
マーティン・スコセッシ
映画「カジノ」より

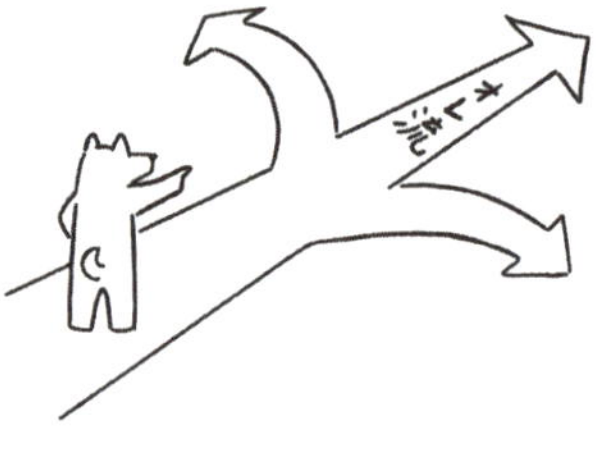

映画「カジノ」で、ギャングからも一目置かれるロバート・デ・ニーロ演じる主人公の、自信に満ちたこのセリフはしびれるほどかっこいい。もちろん現実には、正しいやり方、間違っているやり方とは何かをきちんと理解したうえでなければ、“俺のやり方”を押し通しても、単なるわがままになってしまいます。ただ、いろいろ試行錯誤していくなかでは、自分流を貫く必要がある瞬間がきっとあるはずです。

知識

マーティン・スコセッシ監督はマフィアが支配するイタリア移民社会で育ちましたが、その出自は映画にも大きな影響を与えています。主人公は精神的に病んでおり、社会に受け入れられることを望む傾向にあります。

寝る時間さえもったいない

疲れちょると
思案がどうしても滅《め》入《い》る。
よう寝足ると
猛然と自信がわく。

幕末の志士
坂本龍馬

睡眠不足は思考力の低下をもたらすだけでなく、気持ちを後ろ向きにさせます。幕末の志士・坂本龍馬もよく寝たほうが実力を発揮できたようで、これは現代医学の観点からも正しいことが証明されています。暗い気持ちに支配されそうになったら、余計なことは考えず睡眠をとって。毎日同じ時間に布団へ入る、寝床の周辺に余計なものを置かないなど、よく眠るために工夫するのもいいでしょう。

名言

「楽天主義こそいっさいを成功に導く信念である。
希望がなければ何ごとも成就するものではない。」

ヘレン・ケラー（アメリカの教育者、作家）／『楽天主義』

難問が解けない……

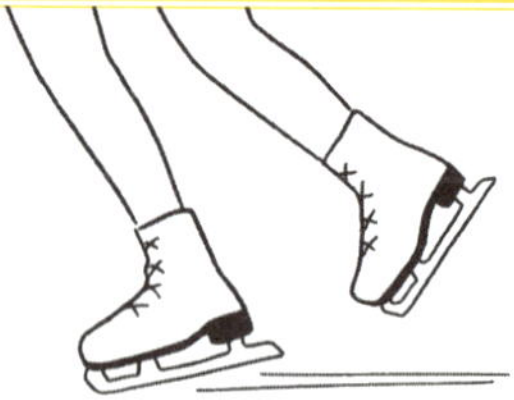

反対の立場に立って
考えてみると、
これまでどうしても
解けなかった難問が、
不思議なほど
すらりと解けてくる。

名南製作所創業者
長谷川克次

合板製造機械の製造・販売を手がける名南製作所は、社員の給料を「給料委員会」が決めたり、ニュートンの第2法則（F=ma）を社是としたり、一風変わったことを行う会社として知られています。創業者の長谷川克次氏も柔軟な思考の持ち主で、解けない問題があったら別の視点で考えることの大切さを説いています。困難に直面したら頭をいったん切り替え、フレキシブルに考えてみましょう。

名言

「私たちは無知によって道に迷うことはない。
自分が知っていると信じることによって迷うのだ。」

ジャン・ジャック・ルソー（フランスの啓蒙思想家、哲学者、作家）

頑張ったなら負けたっていいじゃない

「勝ち負けは重要ではない」といった人は、おそらく皆負けている。

プラハ出身の元プロテニスプレーヤー
マルチナ・ナブラチロワ

2019年の世界フィギュアスケート選手権で、男子シングル2位に終わった羽生《はにゅう》結弦《ゆづる》も、「負けは死も同然」とコメントしています。勝負の世界に生きる者は勝つために努力しているわけで、「負けても満足」という感覚になった時点で、引退に近づいているのかもしれません。何かに本気で挑戦しようと思うなら、「最後まで頑張ったなら、どんな結果でも満足」などという考えを捨ててぶつかりましょう。

名言

「流した汗は嘘をつかない。」

九重親方・千代の富士（第58代横綱）

ここから挽回できる気がしない！

状況が悪くなればなるほど、それを好転させることは簡単になり、さらには、より大きな結果を生むことができます。

アメリカの投資家　**ジョージ・ソロス**

世界一の投資家といわれるジョージ・ソロスは、今までに何度も窮地に陥りましたが、すべて乗り越えて今に至っています。劣勢になると失うものがなくなり、思い切りがよくなります。そうなると状況が好転し、しかも大きな成果が生まれやすくなるというのです。ピンチこそチャンスのとき！　「これ以上は悪くならない。あとはよくなっていくだけだ」と開き直って、いざ攻めの姿勢に徹しましょう。

名言

「何も質問しない人は、何でも知っているか、何も知らないかのどちらかである。」

マルコム・フォーブス（経済紙『フォーブス』元発行人）

幸せって、どこで売ってるの……

なんだ、あれが僕たちの
探している青い鳥なんだ。
僕たちは、ずいぶん遠くまで
探しに行ったけど、
本当はいつもここにいたんだ。

ベルギーの詩人、
劇作家、随筆家
モーリス・メーテルリンク　『青い鳥』より

モーリス・メーテルリンクの『青い鳥』は、貧しい木こりの家に生まれたチルチルとミチルの兄妹が幸福の象徴である青い鳥を探しに行く物語です。結局、青い鳥は自分の身近にいたという結末で物語は幕を閉じます。遠くまで幸せを探し求める人がいますが、実は意外と自分のすぐそばにあるものです。「最近、よいことが全然ない」と感じたら、もう一度日常を見直してみることをおすすめします。

名言

「悔いるよりも、今日直ちに決意して、仕事を始め技術をためすべきである。何も着手に年齢の早い晩《おそ》いは問題にならない。」

吉田松陰（長州藩士）／『講孟箚記《こうもうさっき》』近藤啓吾訳（講談社）

あ〜！　踏み出せない！

人生には
前に進まなきゃならない時がある
なりふりかまわず進むんだ
たとえ間違ってたって
俺は後悔しないぜ

漫画家
浅野いにお
漫画『素晴らしい世界』より

『素晴らしい世界』1巻「脱兎さん」より（©浅野いにお／小学館 サンデーGXコミックス）

浅野いにおさんの漫画『素晴らしい世界』で、火事で燃えたトガさんの家から逃げ出したテポドン（亀）が発したセリフです。これはトガさんの夢の中でのエピソードですが、この言葉に触発されたトガさんは自堕落な生活をやめ、前に進んでいきます。なりふりかまわず進まねばならない瞬間とはいつなのかは判断が難しいかもしれません。でも、一歩踏み出す勇気と覚悟は、いつでも持っていてください。

名言

「激怒しているときには何もするな。嵐の海に漕ぎ出すようなものだ。」

トーマス・フラー（イギリスの神学者、警句家）

自分のピークは去った……

全盛期？
これからだよ

プロサッカー選手
三浦知良

50歳を超えても現役でプレーし続ける「キング・カズ」こと三浦知良選手。進化を求め続ける姿は、多くの人たちを魅了します。この言葉は、カズが38歳のときに発したもの。年齢によって体力が衰えるのは仕方がありません。それでも気力を保つことが重要なのです。全盛期がいつかなんて人それぞれ。常に自分と戦い続け、挑戦する姿勢を保つことが、真のアンチ・エイジングかもしれません。

名言

「敵は俺が思うほど強くはない。俺は俺が思うほど弱くはない」

三浦知良（プロサッカー選手）

未練がましいってよく言われる

ひとつの扉が閉まるとき、
別の扉が開く。
しかし、閉まった扉を
いつまでも残念そうに
見つめているので、
開いている扉が
見えないことがよくある。

イギリスの発明家、科学者、工学者
グラハム・ベル

イギリスの科学者で、世界で初めて実用的電話を発明したグラハム・ベルの言葉です。仕事やプライベートでの楽しかったこと、失敗したこともいつかは終わりを迎え、新しい未来の扉が開かれます。しかし、過去にこだわっていたら、新たなチャンスがめぐっていても気がつかずに見逃しがちに。過去は過去でしかないので、気持ちを切り替えて新しい扉を探しましょう。

名言

「気力のある人に見えるチャンスが、気力のない人には見えない。」

加藤諦三（社会学者、評論家）／『「やる気がでない人」の心理学』（PHP研究所）

自分はチャンスとは無縁だ

チャンスに出会わない人間など一人もいない。ただ、それをつかめなかっただけだ。

アメリカの鉄鋼王、カーネギー鉄鋼会社創業者

アンドリュー・カーネギー

チャンスがないから自分は成功しないなどと思っていませんか？「鉄鋼王」と称されたアメリカの実業家アンドリュー・カーネギーは「チャンスは誰にでもある」としたうえで、それをつかめるかどうかは自分しだいだと説いています。彼は貧困な家庭に生まれ、厳しい労働環境にありながら簿記の勉強に励み、大成功しました。チャンスがないと悩むより、その時間を自分磨きにあてるほうが得策です。

知識

アンドリュー・カーネギーは慈善活動家としても知られており、図書館の建設や教育・科学研究などへの多額の寄付を行いました。ニューヨークにあるカーネギー・ホールは、彼の資金で建てられたものです。

くそ！　負けた!!

自分が負けたと
思わない限り
負けることはない。
その出来事に
意味を決めるのは
自分だけなのだ。

オーストラリアの元水泳選手　**イアン・ソープ**

オーストラリアの競泳選手で、オリンピックで5個の金メダルを獲得したイアン・ソープの言葉です。一流アスリートは試合の勝ち負けだけで一喜一憂せず、試合に勝っても満足しないときもあれば、負けても明るいときがあります。結果のとらえ方は人それぞれなので、負けたからといって卑屈になる必要はありません。「次に向けてのステップになる」と自分に言い聞かせ、再スタートを切りましょう。

名言

「もうダメだというときが仕事の始まり。」

稲盛和夫（実業家、京セラ・第二電電創業者）
／『稲盛和夫の経営問答 人を生かす 新装版』（日本経済新聞出版社）

成功への別ルート、ありませんか？

逃げるは恥だが役に立つ

ハンガリーのことわざ

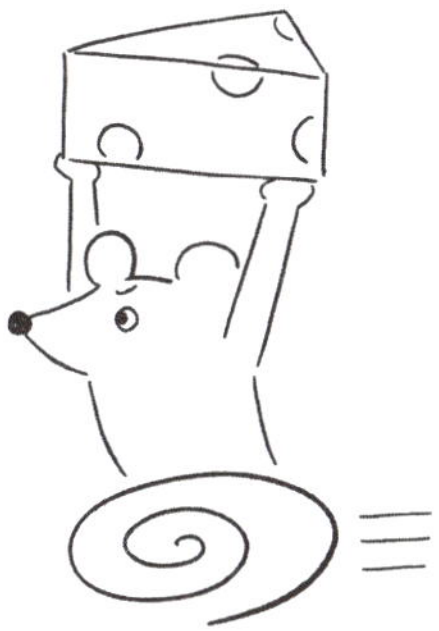

2016年にドラマ化されて話題になった、海野つなみさん原作の漫画『逃げるは恥だが役に立つ』。作品タイトルは、ハンガリーの「自分の戦う場所を選べ」という意味のことわざを和訳したものです。「逃げる」というのは決して恥ずかしいものではなく、立派な戦略のひとつです。自分の力を存分に発揮できる場所を得たいのであれば、ときには逃げるという選択肢もありだと覚えておきましょう。

名言

「落ち込むということは、自分の事を過大評価している証拠。」

明石家さんま（お笑い芸人）

やりたいことはあるけど
本当にお金がない

金がないから何もできない
という人間は
金があっても何もできない
人間である。

阪急東宝グループ創業者
小林一三《いちぞう》

阪急電鉄や宝塚歌劇団などを創業した実業家・小林一三は、お金がないのを理由に行動しないのは単なる言い訳にすぎないと言っています。お金がないからできないのではなく、決断力や行動力がないからできないのです。「時間がない」「人手が足りない」と愚痴るのではなく、与えられた環境でどうやって最大級のパフォーマンスを発揮できるかを考えるほうが、はるかに生産的です。

名言

「ひとは軽蔑されたと感じたとき最もよく怒る。だから自信のある者はあまり怒らない。」

三木 清（哲学者）／『人生論ノート』

努力って必ず報われるの？

努力ってのは
宝くじみたいなものだよ。
買っても当たるかどうかは
わからないけど、
買わなきゃ当たらない。

コメディアン、映画監督
北野武（ビートたけし）

努力は必ず報われるとは限りませんが、よほどの運や才能がなければ、努力をしない人が成功することはありません。コメディアンとして、映画監督として大成功を収めた北野武（ビートたけし）さんも、努力の重要性を宝くじにたとえて説いています。宝くじの１等当選確率はかなり低いのですが、ゼロではありません。努力を積み重ねることで、夢の実現につながっていくのです。

名言

「運に恵まれるには努力が必要である。」

江戸英雄（三井不動産元社長、初代不動産協会理事長）

情熱を注ぎ込めるものを、最初から持っている人はいない。

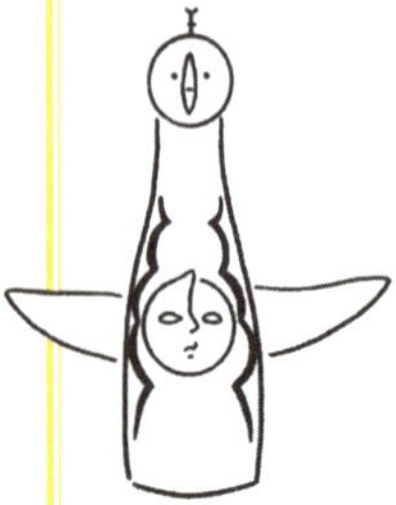

芸術家

岡本太郎

“お金のために働いているだけ”と、世の中、仕事に情熱を持って打ち込んでいる人ばかりではないでしょう。けれど、やっているうちに情熱が芽生えることも多いのです。芸術家の岡本太郎も紆余曲折の末、縄文期の火焔式土器に衝撃を受けて我々がよく知るスタイルを確立しました。「情熱を持って打ち込める仕事」は、挫折や失敗、苦しみなどを重ねることで、徐々に見えてくるものなのです。

名言

「できないのは能力の限界だからではない。執念が欠如しているのだ。」

土光敏夫（実業家、元経団連会長）／『新訂・経営の行動指針』（産業能率大学出版部）

問題が山積みで萎《な》える〜

問題は解決されるためにある。

日本興業銀行元頭取
中山素《そ》平《へい》

「財界の鞍馬天狗《くらまてんぐ》」と呼ばれた、日本興業銀行の元頭取・中山素平の言葉です。問題があるというのは、必ずしも悪いことではありません。無難な計画ならば、問題自体が起こらないでしょう。問題が噴出するのは、それだけ成果が大きく、達成が難しいからです。乗り越えた先を考えれば、解決させようという力が湧いてきます。そして、解決の先には、新たなステージが待っているのです。

名言

「今日なし得るだけのことに全力を尽くせ、
そうすれば明日は一段の進歩があるだろう。」

アイザック・ニュートン（イギリスの物理学者、天文学者）

人に頼るのは苦手なんだ

知らぬ道
知ったふりして
迷うより
聞いて行くのが
ほんの近道

道歌（教訓歌）

道歌は道徳的な教えを詠んだ和歌で、教訓歌ともいいます。この歌は「道を知らないのに知ったふりをして迷うぐらいなら、人に道を教えてもらったほうが近道になる」という意味で、素直に聞くことの大切さを説いています。困難に直面したとき、自分でどうにかしようとするのも大事ですが、誰かに聞いたり、相談したりすることで、打開できる場合もあります。知ったかぶりはほどほどにしましょう。

名言

「人生は道路のようなものだ。いちばんの近道は、たいていいちばん悪い道だ。」

フランシス・ベーコン（イギリスの哲学者、神学者、法学者）

この道を進んでもいいのかなぁ

飛べるかどうかを疑った瞬間に永遠に飛べなくなっているんだ。

イギリスの劇作家、童話作家

ジェームス・マシュー・バリー

『ピーター・パン』より

もともとは『ピーター・パン』に出てくる言葉ですが、第31代日本銀行総裁の黒田東彦《はるひこ》が国際会議で引用したことで知られています。目標に向かって突き進むとき、大事なのは「自分は達成できる」という自信が貫けるかどうかです。自信がぐらつくと、できることもできなくなる可能性があります。逆に「自分はやれる」という自信があれば、困難を乗り越えて目標を達成することだってできるのです。

名言

「負けると思えば負ける、勝つと思えば勝つ。」

豊臣秀吉（戦国武将）

できない！　絶対できない！

視点を変えれば不可能が可能になる。

古代カルタゴの将軍

ハンニバル・バルカ

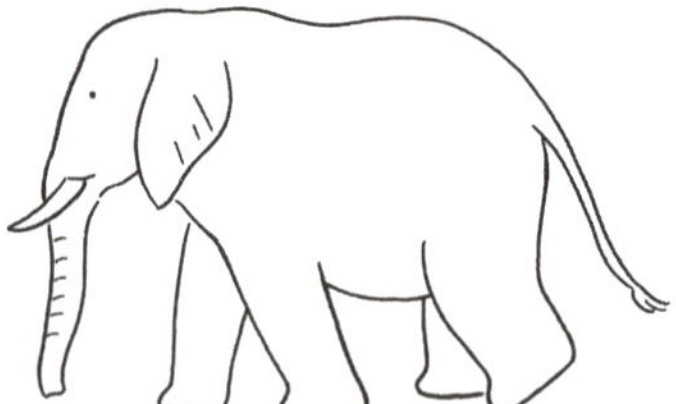

ハンニバル・バルカは古代カタルゴ（現在のチュニジア）という小国の将軍で、象を戦いに投入して、大国のローマ帝国に勝利を重ねた人物です。彼は従来の視点とは違う視点で物事を見定め、そこから画期的な戦略を編み出すことで連戦連勝してきました。困難に直面しても最初からできないと決めつけるのではなく、どうすれば解決するのかを模索し、新しい解決策をつくることが大切なのです。

知識

カルタゴは地中海交易で栄えた北アフリカの古代国家で、ハンニバル・バルカは第二次ポエニ戦争で、不可能といわれたアルプス山脈越えを実現し、ローマに勝利しました。彼の戦術は後世の軍隊組織が参考にするほどで、ナポレオンも英雄として讃えています。

できるか不安で結局やってない

一歩踏み出せるなら、もう一歩も踏み出せる。

アメリカの登山家、フリークライマー

トッド・スキナー

『頂上の彼方へ　究極の山から得た40の教訓』トッド・スキナー（NHK出版）

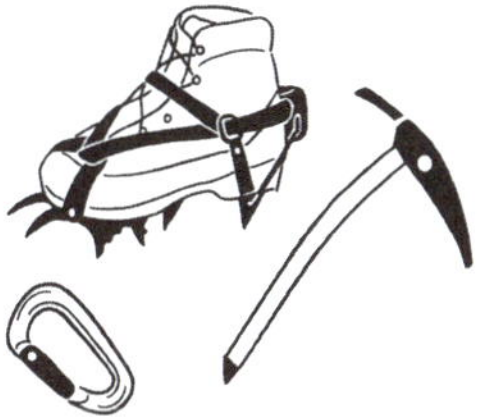

物事を始める際、最初の一歩を踏み出すのは、簡単そうに思えてとてつもない勇気が必要です。しかし、一歩踏み出してしまえば、もう一歩踏み出すのはたやすいのだと、フリークライマーのトッド・スキナーは述べています。よいアイデアが思い浮かんでも、実行しなければ絵に描いた餅にすぎません。逆に一歩さえ踏み出せれば、それが自信となり、あとは二歩三歩と自然に進んでいくでしょう。

名言

「人の苦労なんて、いくら聞かされたって成長しない。自分で苦労しろ。」

瀬戸雄三（アサヒビール元社長・会長）

絶対、信念を曲げるものか!

頑張るのはいいけど、頑固になるのは駄目です。

総合エンターテインメントプロデューサー
つんく♂

自分の仕事に信念を持つことは大事ですが、だからといって信念にこだわりすぎるとそれが足かせになってしまいます。音楽プロデューサーのつんく♂さんは、逆境に弱い人ほど、そういうことを軽く口に出す気がするとも分析しています。信念を持ちながらも、それに頑固に固執せず、ほかによい意見があれば取り入れる。そういった柔軟な姿勢を保ちつつ頑張るのが、成功の近道と言っているのです。

名言

「小さいことに思えるけど、単調な仕事から何をプラスαとして学べるか。それが成功できるか否かの分かれ目です。」

つんく♂(総合エンターテインメントプロデューサー)

課題が山積みだ〜！
何から手をつけるべき？

多くのことをなす近道は、一度にひとつのことだけすることだ。

オーストリアの音楽家
モーツァルト

モーツァルトといえば天才音楽家というイメージがありますが、実は努力の人でもありました。作曲活動をするにあたって有名な作品はすべて研究し、仕事は優先順位をつけて確実に処理していきました。「たくさんの作業をこなさなければならないときは、作業の重要度と緊急度、さらには手のかかり具合を勘案して、一度にひとつのことだけをすべきだ」と、モーツァルトは述べています。

名言

「井戸を掘るなら水の湧くまで掘れ。」
石川理《り》紀《き》之《の》助《すけ》（篤農家）

第5章

人間関係を見直す

人間は集団で生きる生き物です。けれど、友人が多いといっても幸福とは限らず、かえって孤独を感じることも。恋愛も結婚も、ある意味、人間関係の延長にある絆。人と人とのつながりについて、人生の先輩の知恵を借りて考えていきます。

手柄を先輩にひとり占めされた！

人と共にして失敗した責任を
分かち合うのはよいが、
成功した功績は
共有しようとしてはならない。
共有しようとすると、
仲たがいの心が生じてくる。

中国・明代の著作家
洪《こう》自《じ》誠《せい》
『菜《さい》根《こん》譚《たん》』より

『菜根譚』洪自誠（岩波書店）

人との交わりや閑居《かんきょ》の楽しみを説いた『菜根譚』は、人生に役立つような名言の宝庫です。他人に悩みを相談すると気持ちが楽になりませんか？　それと同じように、誰かと共同で仕事などを進めた場合でも、失敗したなら“一緒に頑張ったよな”などというなぐさめ合いから絆が強まったりします。一方で、成功すると、功績やお金の分配で揉めがち。成功したときこそ、注意深くなるべきでしょう。

名言

「友情は成長の遅い植物である。それが友情という名に値する以前に、それは幾度か困難の打撃を受けて耐えなければならぬ。」

ジョージ・ワシントン（アメリカの初代大統領）

だって愛されたいんだもん

嘘で固めた自分で愛されるよりも、本当の自分で嫌われたほうが気持ちがいいではないか。

アンドレ・ジッド

フランスの作家（ノーベル文学賞）

「正直者は損をする」という格言があるように、自分をよく見せたい、嫌われたくないというのは人間の本能のようなものです。ただ、フランス人作家のアンドレ・ジッドは、「嘘で固めた自分が愛されるよりも、本当の自分で嫌われたほうがいい」と説いています。自分自身を嘘で塗り固めすぎれば、いずれはボロが出ます。本当の親友や恋人を得るためには、やっぱり本音でぶつかる勇気も必要なのです。

知識

フランス出身のアンドレ・ジッドは、当時のヨーロッパを支配していたキリスト教的な道徳や論理からの解放を、小説を通じて訴えた人物です。そのため、彼の著書はローマ教皇庁によって禁書に指定されました。

苦痛が人間を成長させるんですよね？

苦行に意味はない

仏教の開祖

ブッダ（釈《しゃ》迦《か》）

ブッダ（釈迦）は29歳で王子という身分と妻子を捨てて出家し、6年間続けた苦行の末にたどり着いた結論が、この「苦行に意味はない」でした。日本人は苦労信仰が強いといわれ、「苦労は買ってでもせよ」という言葉もあります。しかし、意味のない苦行は単なる徒労にすぎません。その経験が自分にとってどう役立つのかを考え、行動することが、ムダな苦労を減らす第一歩となります。

名言

「一本のろうそくから何千本ものろうそくに火をつけることができる。かといって、それで最初のろうそくの寿命が短くなることはない。幸福は、分かちあうことで決して減らない」 ブッダ／釈迦（仏教の開祖）

弱いところを見せ合うのは
友情の証でしょう！

やたらと人に弱味を
さらけ出す人間のことを、
私は躊躇なく
「無礼者」と呼びます。

作家
三島由紀夫
『不道徳教育講座「告白するなかれ」』より

ドイツの哲学者ニーチェの言葉を、三島由紀夫が自分流に言い換えたものです。自分の弱さをさらけ出すのも、人付き合いでは大事なことです。しかし、傷を舐め合っているだけでは反省もしないし、成長もできません。そんな弱い自分を出したがる人を、三島は「無礼者」と断じています。太宰治は自分の弱味を赤裸々に出すことで支持を得ましたが、三島はそれとは反対の姿勢を示していました。

名言

「噂をされるより悪いことがひとつだけある。
それは、噂すらされないことだ。」

オスカー・ワイルド（アイルランド出身の作家）

人を楽しませる会話が苦手……

話し上手の第1の要素は真実、第2は良識、第3は上機嫌、第4は頓《とん》知《ち》である。

イギリスの外交官、エッセイスト、初代準男爵

ウィリアム・テンプル

外交官として活躍したウィリアム・テンプルは、話し上手に必要な要素として「真実」「良識」「上機嫌」「頓知」をあげています。まずは「真実」「良識」で相手の警戒心をとき、「上機嫌」「頓知」で相手に楽しくて愉快な気分になってもらいます。「頓知」とはユーモアや機転のことで、話し下手にとっては難易度が高め。それを身につけるには、ネタの引き出しを増やす必要があるでしょう。

知識

ウィリアム・テンプルは17世紀イギリスの外交官で、エッセイストとしても活躍した人物です。オランダ、スウェーデンとの三国同盟成立や対仏戦争の講和など、さまざまな歴史上の重要な交渉の場面で活躍しました。

みんなに好かれなきゃだめ？

誰からもよい人だと
思われることを目指すと、
誰からもどうでもいい人に
なってしまいますよ。
だからこれからは、
嫌われる勇気を持ちなさい。

作詞家、プロデューサー
秋元 康

作詞家・プロデューサーとして活躍する秋元康さんが、AKB48のリーダー・高橋みなみさんに贈ったアドバイス。人は誰しも嫌われたくないと思うものですが、彼は「人から嫌われることを恐れるより、欠点があってもいいから、それ以上に魅力ある人間になったほうがいい」と説いています。人目を気にしすぎると大したことはできないので、成果をあげたいときほど「嫌われる勇気」を持つべきです。

名言

「“垣根”は相手が作っているのではなく、自分が作っている。」

アリストテレス（古代ギリシアの哲学者）

外見のコンプレックスだらけだ

デブだからって人付き合いを避けないで。大人は人格や仕事で評価するのよ。

コラムニスト、エッセイスト、女装タレント

マツコ・デラックス

タレント、エッセイストとして活躍するマツコ・デラックスさんは、歯に衣着せぬ物言いで老若男女から愛されています。ブレイク前はその特徴ある見た目で判断されることもありましたが、人柄や仕事が評価されて今に至っています。たしかに見た目も大事ではありますが、それだけでは自分の視野が広がらず、人を見る力は養われません。大人になると、意外と周囲も外見だけで判断しないものですよ。

名言

「見えないところで私のことを良く言っている人は、私の友人である。」

トーマス・フラー（イギリスの神学者、警句家）

考えすぎて、
もうわからなくなっちゃった！

長いものには巻かれろ

日本のことわざ

悩んだり、考えすぎて、前に進めないときがあります。しかし、とりあえずやってみて、潔く流されてみるのも一案です。流されることで解決策が見いだされる可能性もあります。ただし、流されっぱなしもよくないのが人生の難しいところ。日本生命の弘世現《ひろせげん》元社長は「流れに逆らっちゃいかん。しかし、流れに流されてもいかん」という言葉を残していますが、流れをいかにつかむのかが大事なのです。

名言

「自由と我儘《わがまま》との界《さかい》は、他人の妨げをなすとなさざるとの間にあり。」

福澤諭吉（啓蒙思想家、教育者、慶應義塾創立者）／『学問のすゝめ』（岩波書店）

一人ですが、何か問題でも？

他人のことは
尊重するべきだけど、
他人の目は
気にする必要はない。
ひとりぼっちでいることは、
悪いことばかりでは
ありません。

漫画家
蛭《えび》子《す》能《よし》収《かず》

『ひとりぼっちを笑うな』蛭子能収（ＫＡＤＯＫＡＷＡ）

世の中には「仲間と力を合わせて頑張ろう」「友達をたくさんつくろう」という風潮がありますが、そういう人付き合いが苦手で、ひとりぼっちでいるのが心地よいという人もいます。漫画家の蛭子能収さんも、他人の目を気にせずにマイペースで行動しています。その生き方や信条を書いた本はベストセラーになっていますが、蛭子さんのようなライフスタイルに憧れる人は、わりと多いのかもしれません。

名言

「人付き合いがうまいというのは、人を許せるということだ。」

ロバート・フロスト（アメリカの詩人）

YESって言わなきゃよかった

きっぱりNOと言うことは、人生を楽にしてくれる方法なんです。

映画監督
大島渚

日本人は、どんな場面でも「No!」と言うのが苦手です。その場の雰囲気が悪くなるのがイヤで、自分をごまかして取り繕う人は少なくないと思います。しかし、大島渚監督は、「No!」と言ったほうが人生は楽になるというのです。最近は怒るのが苦手な人も増えていますが、大島監督は全力で怒ることができる数少ない人でした。嘘がない「No!」には、周囲の信頼を勝ち取る魔法があるのです。

名言

「誰の友にもなろうとする人間は、誰の友でもない。」

ヴィルヘルム・ペッファー（ドイツの植物生理学者）

あなたができる最善のことは、ありのままのあなたを愛してくれる人を見つけること。

映画監督 ジェイソン・ライトマン

映画「JUNO／ジュノ」より

2007年公開のアメリカ映画「JUNO/ジュノ」で、16歳で予期せぬ妊娠をしたヒロインの父が発したセリフです。「ありのままの自分」で愛されたいと願う女性は多いでしょう。しかし、「ありのまま」を理解されないからといって、いつまで経っても「ありのまま」が現状維持なのも考えもの。何かしらの行動や努力、改善をして、現状の「ありのまま」を変えることも、ときには必要なのではないでしょうか。

名言

「人の数だけ意見あり。」

テレンティウス（共和政ローマの劇作家）／『フォルミオ』

穏やかな人間関係に身を置きたい……

周りの環境は
心の状態によって変わる。
心が暗いと
何を見ても楽しくない。
静かで落ち着いた環境にいれば、
心も自然と穏やかになる

真言宗開祖
空《くう》海《かい》（弘《こう》法《ぼう》大《だい》師《し》）

環境と心は密接にかかわり合っています。頭の中が雑念だらけで心が落ち着かないと感じたら、真言宗の開祖・空海が説くように、静かな環境に身をゆだねてみましょう。穏やかな気分になり、それまで心をむしばんできたイライラや不満もスーッと収まるはずです。一方で、環境を変えたいと思ったら「心」を変えてみるのも手。気の持ちようで、あらゆることが明るく見えることもあるのです。

名言

「片手だけでは拍手できない。片足だけでは歩けない。右手と左手が感応して拍手になり、右足と左足が感応して歩く。だから相手が感応するまで祈り続けなさい。」 空海（弘法大師）（真言宗開祖）

嫌いな人にも好かれたい

自分のことを必要としない人間なんて必要ない。

アメリカの俳優

マリリン・モンロー

自分を必要としてほしいと思うあまり、自分のプライドを捨ててしまっていませんか？　ハリウッド女優として一世を風靡《ふうび》したマリリン・モンローは、「自分を必要としない人なんて必要ない」と強気に言いきっています。自分を必要としない人に卑屈になって合わせても、たいていはうまくいきません。その関係には潔く終止符を打ち、新たな出会いの扉を開けるべきです。

名言

「いまだかつて一度も敵を作ったことのないような人間は、けっして友達ももったことはない。」

アルフレッド・テニスン（イギリスの詩人）／『王の偶像』

友達が少ないって
人望がないみたいで恥ずかしい

多くの愚者を友とするよりは、ひとりの知者を友とすべきである。

古代ギリシアの自然哲学者
デモクリトス

友達付き合いは人それぞれですが、古代ギリシアの哲学者デモクリトスは「友人は多ければいいわけではなく、ひとりの賢者を友としたほうがよい」と説いています。浅く広く付き合うか、狭く深く付き合うかは個人の志向にもよりますが、自分を向上させたり、刺激を与えてくれる仲間を持つと確実に自分の成長につながります。不毛な付き合いが多いと感じたら、関係性をいったん見直してみましょう。

知識

デモクリトスは、「原子が物質を構成する最小単位である」という原子論を今から約2400年前に唱えました。エチオピアやインドまで旅した彼は、博識でよく笑う快活な性格でしたから友人も多かったはず。ただ、彼が欲したのは、対等に語り合える知恵者だったのかも。

人の目が気になる

たいして誰も気にしてないゾ。

野原しんのすけのセリフ

原作：臼井儀人（漫画家）
監督・脚本：原恵一

映画「クレヨンしんちゃん　暗黒タマタマ大追跡」で、一家のピンチで急遽会社を休むことになって同僚を気にする父・ひろしに主人公・しんのすけが言った言葉です。社員ひとりが1日休んだだけで機能不全になる職場はまずありません。「たいして誰も気にしていない」は、周囲の目に必要以上に気を遣う、ちょっぴり自意識過剰になっている大人に向けたメッセージといえそうです。

名言

「人間関係は鏡のようなものです。相手のあなたに対する態度は、あなたの相手に対する態度そのものと考えてください。」

ジョセフ・マーフィー（アメリカの教育家、自己啓発作家、牧師）

大切なことは、みんなで決めたい！

大事の義は、人に談合せず、一心に究めたるがよし

戦国武将、初代仙台藩主
伊達《だて》政宗《まさむね》

「大切なことは他人に相談せず、ひとりで必死に考え抜いたほうがよい」という意味の言葉です。そうすることで責任と自信がすべて自分のものになり、覚悟を持って事にあたることができるからです。周りに相談することももちろん大事ではありますが、人に判断をゆだねては成長はありません。自らの決断が部下や民の生死を左右した戦国時代における、君主・政宗の覚悟がわかるひと言です。

名言

「人間は不遇になったとき、初めて友情のなんたるかを知る。」

前田利家（戦国武将、加賀藩・藩祖）

誰かと一緒にいる寂しさと どう向き合うべきか

人は誰もが、ひとりで自分の部屋にいる時より、外で他の人の間に交じっている時に、寂しさを意識することが多いのではないでしょうか。

アメリカの作家、思想家、詩人、博物学者

ヘンリー・デイヴィッド・ソロー

『ウォールデン　森の生活』ヘンリー・デイヴィッド・ソロー（岩波書店）

誰かと一緒にいるときに寂しさを感じる人は、意外と多いかもしれません。ひとりでいるときの孤独は、誰もが感じるものだという安心感もあります。けれど、みんなで盛り上がっているのにノリについていけないときなどは、自分だけが世界に取り残されたような感覚に陥ります。それは周囲と自分の感覚の違いを感じて生じる孤独。ただ、それこそがあなたの個性ですから、気にする必要はないのです。

名言

「『負けました』といって頭を下げるのが正しい投了の仕方。つらい瞬間です。でも『負けました』とはっきり言える人はプロでも強くなる。これをいいかげんにしている人は上にいけません。」谷川浩司（プロ棋士）

この恋は永遠に続くと思ってた

月と恋は満ちれば欠ける。

ポルトガルのことわざ

「月の満ち欠けのように、恋も満ちたあとに衰退して破局を迎える」と、燃え上がった恋もいずれは終わることを意味します。失恋を悲しむ人もいますが、ヨーロッパには「別れなければ、めぐり逢うこともできない」ということわざもあります。もちろん結婚をゴールとたとえる場合もありますが、結婚後は恋する気持ちとは別のものになっていきます。失恋してもくよくよせず、次の満月を待ちましょう。

名言

「人間の心は愛することを学びながら苦しむことも同時に学ぶ。」

ウジェニー・ド・ゲラン（フランスの日記作家）

日本人ってすごいでしょ～
褒めて、褒めて

日本人の美しき礼儀の良さは、
外国人旅行者の誰もが
認めるところである。
だが、もし礼が、「品の良さ」を
損なう恐れがあるがために
行われるのであれば、
それは貧弱な徳といわねばならない。

教育者、思想家
新渡戸稲造　『武士道』より

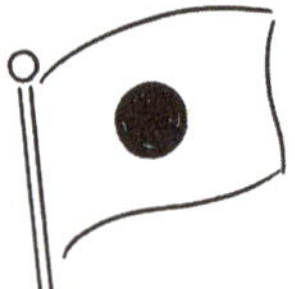

外国人観光客が増加し、テレビでも外国人が日本の礼儀正しさを褒め称えるような番組が増えています。人としての品格、つまり「徳」を重んじる日本人として、喜ぶ人は多いでしょう。けれど、新渡戸稲造は、「徳がある人」と言われたいがためにする礼儀や行動ではだめだというのです。礼とは、ほかを思いやる心が外へ表れたものでなければならない、というわけ。真の徳を身につけましょう。

名言

**「憎しみ、壊すことはたやすいことです。
築いていくこと、大切にすることのほうが、はるかに困難なのです。」**

エリザベス2世（イギリス女王）

究極の恋愛テクを教えてください

カメレオンのように常に相手の男性に合わせれば男性を心地よくすることができる。女王様になりきるのです。それで男性が嫌がるならお姫様になればいいのです。

ロシア人スパイ
アンナ・チャップマン

ロシアのスパイとして活動したアンナ・チャップマンは、その容姿から「美しすぎるスパイ」と呼ばれました。彼女の情報収集の手口はいわゆる「ハニートラップ」で、相手の男性の好みに自分を合わせることで籠絡《ろうらく》しました。ポイントはあごの位置で、高圧的な女王様を演じるときはあごを上げ、お姫様を演じるときは下げたそうです。このテクニックは、今でも男性を引きつけるのに応用できるかも？

名言

「恋人として男と女のちがう点は、女は一日じゅう恋愛をしていられるが、男はときどきしかできないということである。」

サマセット・モーム（イギリスの作家）

あいつの幸せは絶対阻んでやる！

もっともよい復讐の方法は自分まで同じような行為をしないことだ。

古代ローマの皇帝（哲人皇帝）

マルクス・アウレリウス・アントニヌス

『自省録』マルクス・アウレーリウス（岩波書店）

マルクス・アウレリウス・アントニヌスはローマ帝国の五賢帝のひとりで、「哲人皇帝」とも呼ばれます。当時のローマは外国との争いや権力闘争が巻き起こっていましたが、彼は復讐が復讐を生む構図を心底嫌っていました。「相手と同じやり方で復讐しても、同じ形で仕返しされる」と考えていたのです。相手に憤りを感じる気持ちはわかりますが、マイナスの連鎖を断ち切ることも大事なのです。

名言

「許すということ、これが仏教の極意です。」

瀬戸内寂聴《じゃくちょう》（作家、天台宗の尼僧）

人間関係ってつくづく難しい

家に帰ったら家族を大切にしてください。

カトリック教会の聖人、修道女
（ノーベル平和賞）
マザー・テレサ

ノーベル平和賞を受賞したマザー・テレサが、「世界平和のために、私たちにできることは何ですか？」と質問されたときに答えた言葉です。「世界平和」というと大きく身構えてしまいますが、私たちが平穏無事に日々を過ごすことが平和の一助になるというのです。自分の家族に愛を与えることで、他人にも優しくなり、自然と思いやりの気持ちを持つことができます。

名言

「私は確信したい。人間は恋と革命のために生まれてきたのだ。」

太宰 治（作家）／『斜陽』

愛が足りません

愛は、自然界の第二の太陽である。

イギリスの劇作家・翻訳家・詩人

ジョージ・チャップマン

愛は暖かく、光を照らしてくれる偉大な存在で、劇作家のジョージ・チャップマンは「愛は自然界の第二の太陽」と形容しています。愛は「恋愛」だけでなく、「家族愛」や「自己愛」、さらには生き物への愛情など、さまざまな形で存在します。愛は人生に楽しみを与える一方で、人生を楽しんでいる人に愛が近づいていくともいえます。愛が足りないと感じたら、毎日を充実させるところから始めてみましょう。

名言

「しばらくふたりで黙っているといい。
その沈黙に耐えられる関係かどうか。」

キルケゴール（デンマークの哲学者、宗教思想家）

気づいたら「タラレバ」ばっかり

「もしもあの時に
違う決断をしていたら」と思ったり、
過去の出来事を考えることはやめて、
全ての決断や選択は
最高だったと思った時から
人生は良い方向に
進むようになるもの。

占い師 ゲッターズ飯田 Twitterより

ゲッターズ飯田公式Twitter(2019.1.14)

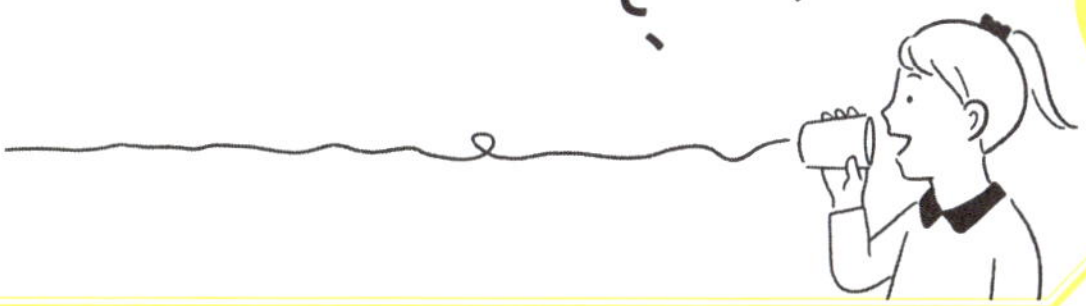

お笑い芸人から占い師となったゲッターズ飯田さんは、絶大な支持を得てテレビや雑誌、占いサイトなどで活躍。彼のTwitterは、人間関係などの悩みを抱えてネガティブな思考に陥った人たちの心を奮起させる言葉に溢れています。過去の決断がよい結果に終わらなかったとしても、彼はその決断自体は否定していません。幸せをつかむためには、まず過去の自分を褒めてあげましょう。

名言

「人生とはできることに集中することであり、
できないことを悔やむことではない。」

スティーヴン・ホーキング(イギリスの理論物理学者)

この人と、本当に結婚して大丈夫？

結婚したほうがよいでしょうか、
それとも、
しないほうがよいでしょうか
と訊ねられたとき、
「どちらにしても、
君は後悔するだろう」
と彼（ソクラテス）は答えた。

3世紀ギリシアの哲学史家　**ディオゲネス・ラエルティオス**

『ギリシア哲学者列伝（ソクラテス）』ディオゲネス・ラエルティオス（岩波書店）

ディゲネス・ラエルティオスが3世紀前半に著した『ギリシア哲学者列伝』の、ソクラテスに関するエピソードです。結婚は人生の一大事で、今の相手とすべきかどうか悩む人も少なくありません。しかし、ソクラテスは「どちらにせよ後悔する」と答えています。そう考えれば、気持ちを楽にして決断できそうですね。とはいえ、周りの意見に左右されず、自分の意思で決めたほうが後悔は少ないと思います。

名言

「人は判断力の欠如で結婚し、
忍耐力の欠如で離婚し、記憶力の欠如で再婚する。」

アルマン・サラクルー（フランスの劇作家）

名言・発言者インデックス

【あ】

アイスキュロス● 苦しみの報酬は経験である。……146

相田みつを● 背のびする自分 卑下する自分 どっちもいやだけど どっちも自分……9

アウソニウス● 大変な仕事だと思っても、まずは取りかかってしまいなさい。仕事に手をつけた、それで半分の仕事は終わったようなものです。……148

アガサ・クリスティ● それは良き日々だった。それは良き日々として、今もある。……98

赤塚不二夫● これでいいのだ。……89

秋本治● 入試 就職 結婚 みんなギャンブルみたいなもんだろ! 人生すべて博打だぞ!……114

秋元康● 誰からもよい人だと思われることを目指すと、誰からもどうでもいい人になってしまいますよ。だからこれからは、嫌われる勇気を持ちなさい。……195

芥川龍之介● 自由は山巓の空気に似ている。どちらも弱い者にはたえることはできない。……48

浅野いにお● 人生には前に進まなきゃならない時がある なりふりかまわず進むんだ。たとえ間違ってたって俺は後悔しないぜ……172

アラン● 幸福は空から降ってくる物でも、誰かに与えられる物でもない。自分で作り出すものなのだ。……28

A・A・ミルン● 君は、自分で思っているよりも、勇敢で、強くて、賢いんだ。……39

アリストテレス● 神すら過去を改めることはできない。……50

アルトゥル・ショーペンハウアー● 1日1日が小さな一生なのだ。毎日毎日の起床が小さな出生、毎夜の臥床就寝が小さな死なのである。……52

アルバート・アインシュタイン● 人生は自転車に乗るようなものだ。倒れないためには走り続けなければならない。……139

アンディ・ウォーホル● それはあまりたいした問題じゃない。私はいつもこの「それはたいした問題じゃない」という哲学を持ってきた。……115

安藤百福● 明確な目標を定めたあとは執念だ。ひらめきも執念から生まれる。……161

アンドリュー・カーネギー● チャンスに出会わない人間など一人もいない。ただ、それをつかめなかっただけだ。……175

アンドレ・ジッド● 嘘で固めた自分で愛されるよりも、本当の自分で嫌われたほうが気持ちがいいではないか。……191

アンナ・チャップマン● カメレオンのように常に相手の男性に合わせれば男性を心地よくすることができる。女王様になりきるのです。それで男性が嫌がるならお姫様になればいいのです。……209

アンネ・フランク● 私達は皆、幸せになることを目的に生きています。私たちの人生は一人ひとり違うけれど、されど皆同じなのです。……54

アンリ・ラコルデール● 一瞬だけ幸福になりたいのなら、復讐しなさい。永遠に幸福になりたいのなら、許しなさい。……60

イアン・ソープ● 自分が負けたと思わない限り負けることはない。その出来事に意味を決めるのは自分だけなのだ。……176

いがらしみきお● 困らないんなら きっといらないんだよ……118

イギリスのことわざ● 夜明け前が一番暗い……93

一色まこと● 辛いことは心を強くする…楽しいことは心を豊かにする。きっとその両方が人を成長させていくんだと思う。……100

いとうあさこ●本音を言わない人と付き合うくらいなら鳩といるほうがマシ！ …… 127

伊能忠敬●歩け、歩け。続けることの大切さ。 …… 135

茨木のり子●ぱさぱさに乾いてゆく心をひとのせいにはするな　みずから水やりを怠っておいて …… 15

イマヌエル・カント●よく見なさい。美とは取るに足りないものかもしれない。 …… 35

ヴィヴィアン・ウエストウッド●自信が最高のアクセサリーよ。 …… 34

ヴィクトル・ユーゴー●常識の有無は教育の有無とは関係ない。 …… 40

ウィリアム・シェイクスピア●「これがどん底だ」などと言っていられる間は、どん底にはなっていないのだ。 …… 140

ウィリアム・テンプル●話し上手の第1の要素は真実、第2は良識、第3は上機嫌、第4は頓知である。 …… 194

ウィンストン・チャーチル●恐れは逃げると倍になるが、立ち向かえば半分になる。 …… 108

ヴィンセント・ヴァン・ゴッホ●虫だって光の好きなのと嫌いなのと2通りあるんだ。人間だって同じだよ、皆が皆明るいなんて不自然さ。 …… 10

ウォルト・ディズニー●夢を求め続ける勇気さえあれば、すべての夢は必ず実現できる。 …… 164

宇野千代●幸福のかけらは幾つでもある。ただ、それを見つけだすことが上手な人と、下手な人とがある。 …… 62

エイブラハム・リンカーン●私の経験によれば、欠点のないものは取り柄もないものだ …… 23

永六輔●君は僕のできないことをしてください。僕は君のできないことをしてあげますから。 …… 69

蛭子能収●他人のことは尊重するべきだけど、他人の目は気にする必要はない。ひとりぼっちでいることは、悪いことばかりではありません。 …… 198

エルバート・ハバード●報酬以上の仕事をしないという人は、仕事ぶりに応じて報酬が上がっていくということを忘れている。 …… 152

エレナ・ホグマン・ポーター●1週間のどの日より、月曜日の朝を喜んでいいと思うわ。だって、次の月曜日が来るまでにまる1週間あるんだもの。 …… 61

王貞治●僕は人生は円だと思ってきました。朝があれば、昼があり、夜があって、朝がくる。(中略)人間もサイクルみたいなものがあって、調子がいいときもあれば、悪いときもある。 …… 77

大久保利通●目標を達成するためには、人間対人間のうじうじした関係に沈み込んでいたら物事は進まない。そういうものを振り切って、前に進む。 …… 158

大島渚●きっぱりNOと言うことは、人生を楽にしてくれる方法なんです。 …… 199

オードリー・ヘプバーン●美しい唇であるためには、美しい言葉を使いなさい。美しい瞳であるためには、他人の美点を探しなさい。 …… 33

岡本太郎●情熱を注ぎ込めるものを、最初から持っている人はいない。 …… 180

おじゃる丸のセリフ●休みたいなら休めばいいのじゃ …… 67

オズワルド・アベリー●転んだらいつでも、何かを拾いなさい。 …… 112

【か】

カール・ヒルティ●ある程度孤独を愛することは、静かな精神の発達のためにも、また、およそ真実の幸福のためにも、絶対に必要である …… 24

金栗四三●体力、気力、努力……101

金子みすゞ●青いお空の底ふかく、海の小石のそのように、夜がくるまで沈んでる、昼のお星は眼にみえぬ。見えぬけれどもあるんだよ、見えぬものでもあるんだよ。……74

ガリレオ・ガリレイ●見えないと始まらない。見ようとしないと始まらない。……163

韓非●水の涯たる、その水なき者なり。富の涯たる、その富すでに足れるものなり。人は自ら足るに止まること能わずして亡ぶ。それ富の涯か。……53

樹木希林●おごらず、人と比べず、面白がって平気に生きればいい。……87

北野武（ビートたけし）●努力ってのは宝くじみたいなものだよ。買っても当たるかどうかはわからないけど、買わなきゃ当たらない。……179

空海（弘法大師）●周りの環境は心の状態によって変わる。（中略）静かで落ち着いた環境にいれば、心も自然と穏やかになる……201

グラハム・ベル●ひとつの扉が閉まるとき、別の扉が開く。しかし、閉まった扉をいつまでも残念そうに見つめているので、開いている扉が見えないことがよくある。……174

グレース・ケリー●自分の気持ちには、従うべきだと思います。私もいつもそのようにしましたから。……16

黒澤明●いや、わしは人を憎んでなんかいられない。わしには、そんな暇はない。……64

黒柳徹子●夢は一人ひとり違うものです。興味や才能もみんな違うのです。それが個性というものです。どうして「こうでなくてはいけない」と決めつけるのでしょうか。……25

ゲーテ●長いこと考え込んでいるものが、いつも最善の選択となるわけではない。……70

ゲッターズ飯田●「もしもあの時に違う決断をしていたら」（中略）全ての決断や選択は最高だったと思った時から人生は良い方向に進むようになるもの。……213

孔子●過ちて改めざるを、これ過ちという。……30

洪自誠●人と共にして失敗した責任を分かち合うのはよいが、成功した功績は共有しようとしてはならない。共有しようとすると、仲たがいの心が生じてくる。……190

ココ・シャネル●美しさは、あなたがあなたらしくいると決めたときに始まる。……32

小林一三●金がないから何もできないという人間は金があっても何もできない人間である。……178

小山宙哉●俺の敵は だいたい俺です。……31

【さ】

斎藤茂太●不便が不幸だとは限らない。……59

坂口安吾●人間の、また人生の正しい姿とは何ぞや。欲するところを素直に欲し、いやな物はいやだと言う、要はそれだけのことだ。……76

坂本龍馬●疲れちょると思案がどうしても滅入る。よう寝足ると猛然と自信がわく。……167

さくらももこ●未来や過去に束縛される生き方は自然じゃないさ 肝心なのは今なのさ……141

サルバドール・ダリ●完璧を恐れるな。完璧になんてなれっこないんだから。……104

サン＝テグジュペリ●きみはごちゃ混ぜにしてる……大事なこともそうでないことも、いっしょくたにしてる！……27

ジェイソン・ライトマン●あなたができる最善のことは、ありのままのあなたを愛してくれる人を見つけること。……200

ジェームス・ディーン●永遠の命があるつもりで夢を抱き、今日限りの命と思いながら生きろ。……132

ジェームス・マシュー・バリー ● 飛べるかどうかを疑った瞬間に永遠に飛べなくなっているんだ。…… 183

塩野七生 ● ときに何もかも忘れて夢を見ることは、子供よりも大人に必要だ。…… 149

志茂田景樹 ● 1%の希望を見つけてください。それは時間とともに輝きを増して99%の絶望を消し去りますよ。…… 86

ジャッキー・チェン ● 人生はすべての戦いに勝つ必要はない。自分にとって意味のある戦いに勝てばいい。…… 126

ジャン・ル・ロン・ダランベール ● さあ、進むのだ。きみが出逢う困難は、前進すればおのずと解決するだろう。(中略)きみの行く手に光はますます明るく輝くだろう。…… 105

什の掟(会津藩) ● ならぬことはならぬものです…… 138

荀子 ● 疑を以て疑を決すれば、決必ず当たらず。…… 90

J・K・ローリング ● 誰にも光と影がある。大事なのはどちらを選ぶかだ。人はそこで決まる。…… 121

昭和天皇(第124代) ● 雑草という草はない。どんな植物でもみな名前があって、(中略)人間の一方的な考え方で、これを雑草として決め付けてしまうのはいけない。…… 56

ジョージ・ギッシング ● 人々はお金では貴いものは買えないと言う。そういう決まり文句こそ、貧乏を経験したことがない何よりの証拠だ。…… 80

ジョージ・ソロス ● 状況が悪くなればなるほど、それを好転させることは簡単になり、さらには、より大きな結果を生むことができます。…… 170

ジョージ・チャップマン ● 愛は、自然界の第二の太陽である。…… 212

ジョセフ・マーフィー ● 問題の解決は、心の穏やかなときにしなさい。…… 66

ジョン・ヴァンス・チニー ● 目に涙を宿すことがなければ、魂に虹はかからない。…… 41

ジョン・ミルトン ● 心というものは、それ自身一つの独自の世界なのだ、――地獄を天国に変え、天国を地獄に変えうるものなのだ。…… 29

ジョン・レノン ● 心を開いて「Yes」って言ってごらん。すべてを肯定してみると答えがみつかるもんだよ。…… 109

城山三郎 ● 背伸びして視野をひろげているうち、背が伸びてしまうこともあり得る。それが人生の面白さである。…… 165

スティーブ・ジョブズ ● 自分もいつかは死ぬ。それを思い出すことは、失うものなど何もないということを気づかせてくれる最善の方法です。…… 128

世阿弥 ● 初心忘れるべからず…… 143

瀬戸内寂聴 ● 人は、不幸のときは一を十にも思い、幸福のときは当たり前のようにそれに馴れて、十を一のように思います。…… 26

セルバンテス ● 運命というものは、人をいかなる災難にあわせても、必ず一方の戸口をあけておいて、そこから救いの手を差しのべてくれるものよ。…… 84

ソロモン ● 人の本当の値打ちというものは、宝石でもなければ黄金でもない。(中略)ただ信念の二文字である。…… 14

【た】

ダイアナ ● 私は自由な精神でいたいの。それを嫌う人もいるでしょうけれど、それが私なんですもの…… 83

高村光太郎 ● 重いものをみんな棄てると風のように歩けそうです。…… 120

太宰治● 明日もまた、同じ日が来るだろう。幸福は一生、来ないのだ。それはわかっている。…… 91
伊達政宗● 大事の義は、人に談合せず、一心に究めたるがよし …… 205
谷崎潤一郎● 我という人の心はただひとり、われより外に知る人はなし。…… 7
田山花袋● 毎日掃いても落葉がたまる。これが取りも直さず人生である。…… 88
ダライ・ラマ14世● 適切にルールを破る方法を見つけるために、ルールを学びなさい。…… 55
俵万智● 百かゼロかじゃなくて、五十くらいに着地してもいいよね。…… 94
チェ・ゲバラ● ある日の真実が、永遠の真実ではない。…… 122
チャールズ・ダーウィン● この世で生き残る生物は、最も頭の良い生き物でも、最も強い生き物でもなく、最も変化に対応できる生き物だ。…… 11
月島靖也のセリフ● 自分の信じる通りやってごらん。でもなあ、人と違う生き方は、それなりにしんどいぞ。何が起きても、誰のせいにもできないからね。…… 17
円谷英二● 他人から「できますか?」と聞かれたら、とりあえず「できます」と答えちゃうんだよ、その後で頭が痛くなるくらい考え抜けば大抵のことはできてしまうものなんだ。…… 147
つんく♂● 頑張るのはいいけど、頑固になるのは駄目です。…… 186
ディオゲネス・ラエルティオス● 結婚したほうがよいでしょうか、それとも、しないほうがよいでしょうかと訊ねられたとき、「どちらにしても、君は後悔するだろう」と彼は答えた。…… 214
ティトゥス・ルクレティウス・カルス● 雨だれが石を穿つのは、激しく落ちるからではなく、何度も落ちるからだ。…… 111
デール・カーネギー● 私たちの疲労は仕事によって生じたのではなく、悩み、挫折、後悔が原因となっていることが多い。…… 57
手塚治虫● 人を信じよ。しかし、その百倍も自らを信じよ。時によっては、信じきっていた人々に裏切られることもある。そんなとき、自分自身が強い楯であり、味方であることが、絶望を克服できる唯一の道なのだ。…… 13
デニス・ウェイトリー● 失敗は肥料のようなものだ。それは確かに悪臭を放つが、将来的には物事がより早く育つようになる。…… 155
デモクリトス● 多くの愚者を友とするよりは、ひとりの知者を友とすべきである。…… 203
寺田寅彦● 興味があるからやるというよりは、やるから興味ができる場合がどうも多いようである。…… 153
寺山修司● ポケットを探したってだめです 空を見上げたって 涙ぐんで手紙を書いたってだめです 郵便局に日曜日があるように 幸福にだって休暇があるのですから …… 68
道歌(教訓歌)● 知らぬ道 知ったふりして 迷うより 聞いて行くのが ほんの近道 …… 182
トーマス・アルバ・エジソン● 私は失敗したことがない。ただ、1万通りのうまくいかない方法を見つけただけだ。…… 113
トッド・スキナー● 一歩踏み出せるなら、もう一歩も踏み出せる。…… 185

【な】

中内功● 人間とは本来弱いものだ。だが、信念とか使命感で行動するときは、なぜか果てしなく強くなる。…… 18
中山素平● 問題は解決されるためにある。…… 181

夏目漱石●食いたければ食い、寝たければ寝る、怒るときは一生懸命に怒り、泣く時は絶体絶命に泣く。……110

ナポレオン・ボナパルト●過ぎたことで心を煩わせるな。……125

新渡戸稲造●日本人の美しき礼儀の良さは、外国人旅行者の誰もが認めるところである。だが、もし礼が、「品の良さ」を損なう恐れがあるがために行われるのであれば、それは貧弱な徳といわねばならない。……208

蜷川実花●ポイントは「カッコいいことをやる」、ではなく「カッコ悪いことはやらない」ってとこ。(以下略)……72

日本のことわざ●長いものには巻かれろ……197

ネルソン・マンデラ●人生の最大の栄光は決して転ばないことにあるのではなく、転ぶたびに起き上がり続けることである。……119

野原しんのすけのセリフ●たいして誰も気にしてないゾ。……204

【は】

バーナード・ショー●人生とは自分を見つけることではない。人生とは自分を創ることである。……20

バスター・キートン●たいていのものはすぐに笑いの種にすることができる。……136

長谷川克次●反対の立場に立って考えてみると、これまでどうしても解けなかった難問が、不思議なほどすらりと解けてくる。……168

林真理子●人生のリセットは何度でもできる。でも自分でないとできない。……97

バルザック●あまりうちとけ過ぎる人間は尊敬を失いますし、気やすい人間はばかにされますし、むやみに熱意を見せる人間はいい食いものにされます。……85

ハンガリーのことわざ●逃げるは恥だが役に立つ……177

ハンニバル・バルカ●視点を変えれば不可能が可能になる。……184

ピーター・ドラッカー●まず何よりも、変化を脅威ではなく機会としてとらえなければならない。……154

ピタゴラス●万事に先立ち、まず汝自身を尊敬せよ。……37

ビル・ゲイツ●成功の鍵は、的を見失わないことだ。自分が最も力を発揮できる範囲を見極め、そこに時間とエネルギーを集中することである。……162

フェデリコ・フェリーニ●もう終わりだと思うのも、さあ始まりだと思うのも、どちらも自分である。……117

藤子・F・不二雄●道を選ぶということはかならずしも歩きやすい安全な道をえらぶってことじゃないんだぞ……46

ブッダ(釈迦)●苦行に意味はない……192

ブラウン先生のセリフ●人をいたわれ。みんなも闘っている。相手を知りたかったらやることは1つ。よく見ること。……116

フランツ・カフカ●わたしは自由です。だから道に迷ったのです。……47

フリードリヒ・ニーチェ●忘却はよりよき前進を生む。……137

フリードリヒ・フォン・シラー●汝の運命の星は汝の胸中にあり。……38

ブルース・リー●考えるな！ 感じろ(Don't think! Feel.)……123

フレディ・マーキュリー●今日なんかクソくらえ。明日が勝負さ。……130

別府司のセリフ●みんながみんな、向上心持つ必要ないと思います。みんながみんな、お金持ち目指してるわけじゃないし。(中略)一人一

人、ちょうどいい場所ってあるんだと思います。 81
ヘラクレイトス● 上り坂と下り坂は、一つの同じ坂である。 44
ヘルマン・ヘッセ● しがみつくことで強くなれると考える者もいる。しかし時には手放すことで強くなれるのだ。 92
ベンジャミン・ディズレーリ● 時は偉人な医者である。 71
ベンジャミン・フランクリン● 困難を予期するな。決して起こらないかも知れぬことに心を悩ますな。常に心に太陽を持て。 134
ヘンリー・デイヴィッド・ソロー● 人は誰もが、ひとりで自分の部屋にいる時より、外で他の人の間に交じっている時に、寂しさを意識することが多いのではないでしょうか。 206
ヘンリー・フォード● 自分で薪を割れ、二重に温まる。 129
ボブ・マーリー● 雨を感じられる人間もいるし、ただ濡れるだけの奴らもいる。 79
ポルトガルのことわざ● 月と恋は満ちれば欠ける。 207
本田宗一郎● 大いなる若気のいたりが、個性の芽を育てる。 160

【ま】

マーガレット・サッチャー● 考えは言葉となり 言葉は行動となり 行動は習慣となり 習慣は人格となり 人格は運命となる 19
マーク・トウェイン● 健康書を読むときは注意しなさい。ミスプリントのせいであなたは死ぬかもしれない。 150
マーティン・スコセッシ● やり方は三つしかない。正しいやり方。間違ったやり方。俺のやり方だ。 166
マザー・テレサ● 家に帰ったら家族を大切にしてください。 211
松岡修造● 崖っぷち ありがとう! 最高だ! 131
マツコ・デラックス● デブだからって人付き合いを避けないで。大人は人格や仕事で評価するのよ。 196
松下幸之助● 山は西からも東からでも登れる。自分が方向を変えれば、新しい道はいくらでも開ける。 45
マハトマ・ガンジー● 束縛があるからこそ、私は飛べるのだ。(中略)涙があるからこそ、私は前に進めるのだ。 106
マリリン・モンロー● 自分のことを必要としない人間なんて必要ない。 202
マルクス・アウレリウス・アントニヌス● もっともよい復讐の方法は自分まで同じような行為をしないことだ。 210
マルセル・プルースト● 発見の旅とは、新しい景色を探すことではない。新しい目で見ることなのだ。 49
マルチナ・ナブラチロワ● 「勝ち負けは重要ではない」といった人は、おそらく皆負けている。 169
マルティン・ルター● たとえ明日世界が終わるとしても、私は今日、リンゴの木を植えるだろう。 124
三浦知良● 全盛期? これからだよ 173
三島由紀夫● やたらと人に弱味をさらけ出す人間のことを、私は躊躇なく「無礼者」と呼びます。 193
水上勉● 一日だけ生きればいい。明日、明後日のことを考えるから面倒になる。 107
水木しげる● 「好きの力」を信じる。 156

- **ミヒャエル・エンデ**● 時間こそが人生そのものなのです。そしてそれは心の中にあります。時間を節約しようとするほど生活はやせ細ってしまうのです。……78
- **宮崎駿**● 才能とは、情熱を持続させる能力のこと。……151
- **宮澤賢治**● なにがしあわせかわからないです。ほんとうにどんなつらいことでも、それがただしいみちを進む中でのできごとなら、峠の上りも下りもみんなほんとうの幸福に近づく一あしずつですから……65
- **武者小路実篤**● 心配しても始まらないことは、心配しないほうがよい。……95
- **室生犀星**● 不倖なんてものはお天気次第でどうにでもなるよ。……142
- **モーツァルト**● 多くのことをなす近道は、一度にひとつのことだけすることだ。……187
- **モーリス・メーテルリンク**● なんだ、あれが僕たちの探している青い鳥なんだ。僕たちは、ずいぶん遠くまで探しに行ったけど、本当はいつもここにいたんだ。……171

【や・ら】

- **山岡鉄舟**● 人生は心一つの置き所。晴れてよし、曇りてよし富士の山、もとの姿は変わらざりけり。……51
- **山田詠美**● 良い大人と悪い大人を、きちんと区別出来る目を養ってください。良い大人とは、言うまでもなく人生のいつくしみ方を知っている人たちです。……36
- **山田伝蔵のセリフ**● むちゃをすることは勇気ではないぞ……133
- **山本周五郎**● この世には、おのれと同じ人間はいない、……人はみな、誰にも理解されない絵を、心のなかに持っているのではないか。……8
- **葉祥明**● こころが疲れてしまったら 澄みきった青空を見上げなさい さわやかな大空を吹き抜ける風になりなさい……22
- **与謝野晶子**● 人間は何事にせよ、自己に適した一能一芸に深く達してさえおればよろしい。……73
- **吉田兼好**● 双六の上手といいし人にその手だてを問い侍りしかば、「勝たんと打つべからず。負けじと打つべきなり」……99
- **ラビンドラナート・タゴール**● 花はその花弁のすべてを失って果実を見いだす。……96
- **ラルフ・ウォルドー・エマーソン**● 絶えずあなたを何者かに変えようとする世界の中で、自分らしくあり続けること。それがもっともすばらしい偉業である。……12
- **リー・ストラスバーグ**● 主役などというものは存在しない。人生には主役なんてないんだ。誰もが登場人物にすぎない。……82
- **ルイ・パスツール**● チャンスは、準備のない者には微笑まない。……58
- **L・M・モンゴメリ**● いま曲がり角にきたのよ。曲がり角をまがったさきになにがあるのかは、わからないの。でも、きっといちばんよいものにちがいないと思うの。……63
- **ルネ・デカルト**● 我思う、ゆえに我あり……21
- **レオナルド・ダ・ヴィンチ**● どこか遠くへ行きなさい。仕事が小さく見えてきて、もっと全体がよく眺められるようになります。不調和やアンバランスがもっとよく見えてきます。……157
- **レディー・ガガ**● 生きるということは1度に限ったことではなく、何度も生まれ変わるということだと気付いたの。自分の中の最も正直な自分を見つけるまで、人は何度でも生まれ変わることができるの。……75
- **レフ・トルストイ**● 人間は、すべての可能性を自分の内に備えている。……6
- **ロマン・ロラン**● ピラミッドは頂上から作られはしない。……159

参考文献

『種の起源』チャールズ・ダーウィン、八杉龍一訳、岩波書店
『名将言行録』岡谷繁実、岩波書店
『ローマ帝国衰亡史』エドワード・ギボン、中野好夫訳、筑摩書房
『スティーブ・ジョブズ全発言』桑原晃弥、PHP研究所
『史記』司馬遷、小竹文夫他訳、筑摩書房
『科学入門名著全集』板倉聖宣選、国土社
『ニーチェ全集』ニーチェ、筑摩書房
『革命戦争回顧録』チェ・ゲバラ、平岡緑訳、中央公論新社
『道をひらく』松下幸之助、PHP研究所
『同行二人 松下幸之助と歩む旅』北康利、PHP研究所
『夢を力に』本田宗一郎、日本経済新聞社
『人を動かす』D・カーネギー、山口博訳、創元社
『鈴木敏文語録』緒方知行編、祥伝社
『ブッダの真理のことば・感興のことば』中村元訳、岩波書店
『ひとりでも生きられる』瀬戸内寂聴、集英社
『オードリー・ヘップバーン物語』バリー・パリス、永井淳訳、集英社
『自動車王フォードが語るエジソン成功の法則』ヘンリー・フォード、鈴木雄一訳、言視舎
『ファン・ゴッホ詳伝』二見史郎、みすず書房
『ファン・ゴッホの手紙』ゴッホ、二見史郎他訳、みすず書房
『手塚治虫ランド』手塚治虫、大和書房
『ドストエフスキー全集』新潮社
『マザーテレサ』和田町子、清水書院
『国史大系徳川実記』吉川弘文館
『家康の手紙』桑田忠親、文藝春秋
『ジョン・レノンPLAYBOYインタビュー』PLAYBOY編集部編、集英社
『座右の銘 意義ある人生のために』里文出版
『必ず出会える! 人生を変える言葉2000』西東社
『仕事観が変わる! ビジネス名言550』西東社
『世界名言集』岩波文庫編集部編、岩波書店
『ギリシア・ローマ名言集』柳沼重剛編、岩波書店

編集	石川夏子・及川有加子（グレイル）
解説・執筆	常井公平、グレイル
イラスト	くにともゆかり
デザイン	西垂水 敦・市川さつき（krran）
DTP	喜安理絵、グレイル
校正	小儀秀子（聚珍社）

明日の自分が変わる 人生の名言

編　者　　池田書店編集部
発行者　　池田士文
印刷所　　萩原印刷株式会社
製本所　　萩原印刷株式会社
発行所　　株式会社池田書店
〒162-0851 東京都新宿区弁天町43番地
電話03-3267-6821（代）／振替00120-9-60072

落丁・乱丁はお取り替えいたします。

ISBN978-4-262-17425-9

20026509